Elftraud von Kalckreuth

Engel für andere

Auf Rafaels Spuren

Mit Zeichnungen von Rembrandt

Matthias-Grünewald-Verlag · Mainz

Der Matthias-Grünewald-Verlag ist Mitglied
der Verlagsgruppe engagement

Die Deutsche Bibliothek – CIP Einheitsaufnahme

Ein Titelsatz für diese Publikation ist bei
Der Deutschen Bibliothek erhältlich

Umschlag: Matlik & Schelenz, Selzen unter Verwendung der Zeichnung „Auf
der Wanderschaft" von Rembrandt. Feder und Pinsel, 21,5 x 20,2 cm (hier Aus-
schnitt), Albertina, Wien.
Satz: dtp studio mainz · Jörg Eckart
Druck und Bindung: Druckhaus Beltz, Hemsbach

ISBN 3-7867-2393-1

Eine Geschichte,
um 200 vor Christus in Palästina geschrieben.

Tobit, ein frommer, gesetzestreuer, mildtätiger Jude
lebt mit seiner Frau Hanna und seinem Sohn Tobias
in der Verbannung in Assyrien.
Er verliert Hab und Gut,
er erblindet durch einen unglücklichen Zufall,
und er gerät in Glaubensprüfungen, die so schwer sind,
dass er sich nur noch den Tod wünscht.

Eine entfernte Verwandte, die junge Sara,
verzweifelt zur selben Zeit so sehr an ihrem Leben,
dass auch sie sterben will.

Tobit und Sara flehen Gott um Hilfe an,
und Gott schickt seinen Engel Rafael, um ihnen zu helfen.

Rafael
begleitet Tobias, den Sohn Tobits,
auf einer Reise,
die zum Reifen und Erwachsenwerden von Tobias führt,
zur glücklichen Wende in Saras Leben,
und schließlich zur Heilung Tobits von seiner Blindheit.

Inhalt

Vorwort

Jeder von uns hat vermutlich hat schon einmal das Gefühl gehabt, dass ein anderer, vielleicht eine hilfreiche Freundin oder ein Mitreisender im Zug, ein guter Engel für ihn gewesen ist. Da hielt es jemand mit uns aus, als wir eine schwierige Wegstrecke zu bewältigen hatten, jemand war gerade im rechten Augenblick für uns da, machte uns Mut, gab uns den Glauben an die eigene Kraft zurück oder die Gewissheit, dass nichts sinnlos sein kann. Ein Engel?

Können wir – ohne gleich zu meinen, wir müssten schon zu Lebzeiten Engel werden – zuweilen füreinander Engel sein? Wie könnte das aussehen? Gibt es dafür Erfahrungen, Beispiele, Vorbilder?

Vielleicht sind wir manchmal Engel für andere, ohne es zu wissen. Wenn wir's wüssten, wären wir wahrscheinlich nur verunsichert, denn wenn uns jemand sagt: „Sie sind ein Engel!" wehren wir gleich verlegen ab: „Ich hab' doch gar nichts Besonderes getan, und so edel bin ich auch nicht!" Sind Engel edel? Tun sie Spektakuläres, Aufsehenerregendes? Worin unterscheiden sie sich von ganz normalen Menschen?

Als einer meiner Freunde einmal einer älteren Frau die schwere Einkaufstasche bis nach Haus trug und sie sagte: „Sie sind ein Engel", wollte er natürlich auch nichts davon hören, aber sie meinte: „Doch! Ein Engel, das ist einfach jemand, der zur rechten Zeit am rechten Ort ist und das Richtige tut!" So einfach?

Eine meiner Freundinnen, eine intelligente und kluge Frau, die in den vierziger Jahren als Jüdin im Lager Schweres durchgestanden hat und der das Leben auch späterhin selten leicht gemacht worden ist, bezeichnet sich, so lange ich sie kenne, ganz bewusst als Atheistin. Ausgerechnet sie erzählte mir von zwei Menschen, die „wirklich Engel waren". Als ich sie fragte, was das Besondere an ihnen war, was sie denn zu Engeln gemacht habe, sagte sie nach kurzem Zögern: „Sie waren so menschlich."

Woran erkennen wir Engel? Oder woran merken wir, dass wir vielleicht für eine Zeit einem anderen zum Engel geworden sind? Und wenn es so etwas gibt und wir darauf gefasst sein sollten, – wer kann uns dafür Vorbild sein, und was ist eigentlich die Aufgabe von Engeln?

Wenn wir in die Heilige Schrift schauen, gibt es da die Boten Gottes, die erscheinen, um Großes zu verkünden. Und groß sind sie selbst, deshalb steht auch immer am Beginn ihres Erscheinens dieses „Fürchtet euch nicht!". Aber es gibt auch die anderen, die sich für einen Moment der Herausforderung zugesellen und Entscheidung verlangen, wie der Engel, mit dem Jakob am Fluss eine Nacht lang rang und kämpfte. Dann gibt es die Schutzengel, die, wie es heißt, ein Leben lang für uns da sind. Und schließlich sind da noch die, die zur rechten Zeit auftauchen, um uns zu helfen, oder die uns eine Zeit lang begleiten. Das kann dann wohl manchmal auch einer von uns sein, ein Mensch, der für einen anderen da ist als Weggefährte.

Weggefährtinnen und Weggefährten sind wir alle. Ob als Freunde oder Lebenspartner, als Eltern für unsere Kinder und als Kinder für unsere Eltern, als Verkäuferin für die Kunden, als Lehrer für die Schüler und als Schüler für den Lehrer, als Therapeutinnen oder Seelsorger, als Politikerinnen oder Firmenchefs, als zufällige Zugbekanntschaften oder Urlaubsflirts, Chat-Partner im Internet oder Leidensgenossen im überfüllten Wartezimmer eines Arztes oder bei einer zufälligen Begegnung am Zeitungskiosk, wenn wir unser Entsetzen über die Schlagzeilen austauschen. Jedes Mal sind wir auch Weggefährten. Vielleicht für einen flüchtigen Moment nur oder für eine kurze Strecke, vielleicht für einen ganzen Lebensweg.

Was ist das Geheimnis, das sich hinter dieser seltsamen Verwandlung verbirgt, die mit uns vorgeht, wenn wir mit einem anderen eine Weile zusammen sind und uns dabei nicht nur wohl fühlen, sondern gescheit und reich an Ideen, ja, manchmal gar weise? Was steckt dahinter, wenn wir in der Gegenwart eines anderen sprühen vor Lebendigkeit, Witz und Phantasie?

Was ist geschehen, wenn wir nach einer Begegnung stumpf,

erschöpft oder gar aus unerfindlichen Gründen deprimiert sind? Wie kommt es, dass wir uns mit einem Menschen unterhalten und danach das unangenehme Gefühl haben, sehr klein, sehr unbedeutend und dümmer denn je zu sein? Beides können wir als Weggefährten bewirken.

Wir gehen ein Stück miteinander, und währenddessen können wir uns gegenseitig stärken oder uns Energie kosten, können uns inspirieren oder in Frage stellen, können uns belasten oder gegenseitig unser Reifen, unser Wachstum fördern und Einsichten und Ausblicke miteinander teilen. Wir können uns die Zeit – oder die Grillen vertreiben. Wir können es uns gegenseitig leicht machen oder schwer. Und all das bezieht sich ganz gewiss nicht nur auf den gegenwärtigen Augenblick, sondern trägt weiter – durch den Rest des Tages, vielleicht gar durch den Rest unseres Lebens, wer weiß?

Weggefährten. – Auch Bücher können uns auf ähnliche Weise begleiten und können zu Weggefährten werden. Manche gesellen sich uns zu, zur rechten Zeit, um uns ein Stück weiterzuhelfen im gerade eingeschlagenen Gedankengang, oder sie führen uns behutsam aus einer Sackgasse heraus. Auch Bücher können uns die Zeit vertreiben – oder die Grillen. Manche sind Weggefährten ein Leben lang. Einen meiner Freunde begleitet schon seit Jahrzehnten das „Glasperlenspiel" von Hermann Hesse. Ein anderer liest Dostojewskijs Roman „Der Idiot" schon mindestens zum zehnten Mal seit seiner frühen Jugend, liest dieses Buch immer wieder mit neuen Augen und versteht jedes Mal etwas mehr von seiner eigenen Welt, seiner eigenen Wirklichkeit.

Ich habe seit Jahrzehnten einen Wegbegleiter im Alten Testament, im Buch Tobit gefunden: Rafael. Wie das auch bei realen Personen ist, halte ich immer wieder in Gedanken Zwiegespräche mit diesem Buch, mit dem Engel Rafael, aber auch mit Tobit, Hanna, Sara und Tobias. Immer wieder erkenne ich neue Muster in dem komplizierten Gewebe vielfältigster Beziehungen, die sich durch diese Geschichte ziehen, und wenn ich das Buch dann wieder zur Hand nehme, ist von dem, was ich meinte, es sei darin geschrieben, einiges gar nicht im Text zu finden, und anderes wiederum entdecke ich, als hätte es früher noch nicht darin gestanden. Das liegt sicher auch daran, dass es verschiedene Versionen dieser Geschichte gibt. In manchen Bibelausgaben sucht man sie vergeblich, in anderen steht sie als „Buch Tobias", und beide, Vater und Sohn, tragen darin den selben Namen: Tobias. In einer Fassung begegnen wir – um nur ein Beispiel zu nennen – Sara, wie sie ans Fenster tritt, um zu beten. An der entsprechenden Stelle einer anderen Version zieht sie sich ins Obergemach des Hauses zurück, drei Tage und drei Nächte lang, isst nicht und trinkt nicht und hört nicht auf mit Beten und Weinen. Beide Gebetshaltungen sind – so verschieden sie sein mögen – in dieser Situation schon stimmig, sagen aber doch etwas je ganz Verschiedenes aus über Sara und über ihre Art, mit Kummer oder Krisen umzugehen.

Aber nicht nur die verschiedenen Fassungen und Übersetzungen, auch die jeweilige eigene Stimmung oder Lebenssituation, in der ich mich ans Lesen begebe, lässt mich das, was da steht, immer wieder mit neuen Augen sehen, und jedes Mal werden mir das Buch, der Engel Rafael, die einzelnen Figuren dieser Geschichte zu Wegbegleitern und dienen zur Orientierung, vor allem, wenn ich darüber nachdenke, was gute Weggefährtenschaft sein kann, – sein sollte.

Neben dem wenigen, was es zum Buch Tobit gibt an Nachdichtungen, Auslegungen oder Meditationen, soll mein Buch nicht erklärend, deutend, psychologisierend oder geschichtlich analysierend die Sicht einengen, als wären meine Gedanken und Assoziationen gar die einzig zutreffenden. Ich möchte vielmehr dazu anregen, die eigene Weggeschichte vor dem Hintergrund dieser biblischen Erzählung mit neuem, wachem Blick zu sehen, und immer wieder mit eigenen Anstößen und Impulsen diese Geschichte zu ergänzen.

Weil es darin um ganz alltägliche Dinge geht, um Reifungs- und Lernprozesse, um Wandlung, um die Bereitschaft, Not ernst zu nehmen, um Heilung, um die Begegnung mit Angst und um Glaubenserfahrungen, können wir sie nicht nur mit Spannung lesen und miterleben, sondern sie auch in unsere Lebensgeschichte einflechten. Wir können sie in Gedanken ausbauen oder weitererzählen, können uns dabei einmal mit Rafael, dem Weggefährten identifizieren, ein andermal mit Tobias, dessen Lebensweg sich entwickelt und entfaltet, ein drittes Mal vielleicht mit Tobit, Sara oder Hanna, mit Menschen also, die Heilung erfahren im Loslassen, im Zulassen, im Sich beschenken lassen.

Manches, was ich in dieser Geschichte gelesen und was ich in sie hineingelesen habe, was ich an Hilfe und Unterstützung für die Wegbegleitung anderer und für meinen eigenen Weg, was ich an Anregung oder Warnung, an Ermutigendem und Klärendem in ihr entdeckt habe, möchte ich in diesem Buch mit Ihnen teilen.

Sinnverlust

Lebenskrise und Todeswunsch

Wenn wir uns als Weggefährten an Rafael orientieren wollen und wir folgen der Geschichte, die uns im Buch Tobit erzählt wird, dann geraten wir gleich im ersten Moment, als Rafael sich Tobias, Tobit und Sara zugesellt, in eine Extrem-Situation. Schon allein die Vorstellung, wir selbst sollten einem Menschen in einer ähnlich tiefen, ausweglosen Krise beistehen, ist beunruhigend und erschreckend.

Vielleicht macht es die Überlegungen einfacher, wenn wir uns hineinversetzen in solch eine Situation, um nachzuspüren, was wir selbst uns dann von einem Weggefährten oder einem Engel wünschen würden.

Viele von uns, weit mehr als wir vielleicht annehmen, waren schon einmal so weit, dass sie dachten: „Ich will nicht mehr. Ich kann so nicht weiterleben." Wahrscheinlich stand damals in all der Hilflosigkeit vor dem Todeswunsch höchstens noch der eine: Wenn es doch jemanden gäbe, der mich herausholen könnte aus dem, was unerträglich, was aussichtslos erscheint, aus Schmerzen oder unerfüllter Sehnsucht, aus der Angst zu versagen, aus dem Gefühl, gescheitert zu sein, aus Hoffnungslosigkeit oder Sinnlosigkeit. Herausholen, wenigstens für eine Weile, oder wenigstens weit genug aus dieser Situation heraus, sodass ich wieder mehr sehen kann als nur die Wand, vor der ich stehe.

Wenn wir uns an eine Zeit erinnern, in der wir selbst oder ein Freund, eine Freundin so absolut am Ende unserer Weisheit

gewesen sind, fällt uns möglicherweise auch jemand ein, der uns damals wieder auf die Beine geholfen hat, der für uns da war, uns vielleicht dadurch aus dem Engpass geholt hat, dass er unsere Aufmerksamkeit dahin lenkte, wo wir wichtig sind, der uns unsere Eigenkräfte bewusst gemacht hat, oder uns einfach eine Weile zu sich nach Haus nahm, damit wir wieder neu zu Atem kommen konnten. Die meisten dieser Geschichten, in denen Menschen sich keinen Rat mehr wussten, haben ein gutes Ende oder vielmehr ein gutes Weitergehen gefunden. Es lohnt sich, sie zu sammeln, und es lohnt sich zu schauen, was oder wer die Wendung zum Guten brachte – und wie. Dabei können wir zuweilen vielleicht von Engeln lernen, und zwar manches, was weder besonders kompliziert ist noch weit hergeholt, sondern oft eher einfach und alltäglich.

Es ist immer der rechte Zeitpunkt für einen Engel, um sich zuzugesellen, ganz sicher aber gerade dann, wenn Menschen auf ihrem Tiefpunkt sind, wenn sie in der Sackgasse stecken, wenn alles so dunkel und hoffnungslos scheint, dass sie nicht mehr leben wollen – oder zumindest: so nicht weiterleben. Wir können nur staunen, wie selbstverständlich, aber auch wie überraschend und unvorhersehbar die Hilfe des Engels Rafael ist. Was ihn als den guten Begleiter ausmacht ist, das werden wir sehen, meist gar nichts Spektakuläres. Es ist nichts Übermenschliches, was er leistet, sondern vielmehr wirklich Menschliches, Dinge, für die wir nicht „heilig" sein müssen, für die wir auch weder ein Psychologiestudium noch Kurse in Gesprächsführung brauchen. Denn dessen bedarf es nicht, um gut zuzuhören, um einem anderen Mut zu machen, ihm beizustehen – also nicht wegzulaufen, wenn das Leben mühevoll wird – und um Vertrauen und Selbstvertrauen zu stärken. Im Verlauf dieser Geschichte um das Wirken Rafaels wird sich immer wieder erweisen, dass es menschenmöglich ist, andere selbst in schwierigen Situationen so zu begleiten, dass sie uns nicht unbedingt als „Engel" sehen, doch aber Vertrauen und Zuversicht spüren, als sei ein Engel mit ihnen gegangen.

Schauen wir uns also den Beginn der Geschichte an.

Da ist der rechtschaffene Tobit, der gegen den Widerstand der Umwelt, gegen den Trend der Zeit, immer der religiösen Tradition treu geblieben war, selbst im Exil und in der Diaspora, ein aufrechter Mann, stets gottesfürchtig, barmherzig und hilfsbereit bis zur Selbstaufopferung. Er riskiert sogar sein Leben, immer wieder, wenn er heimlich seine Glaubensgenossen begräbt, die unter einem Regime von Willkür und Unberechenbarkeit hingerichtet wurden, und deren Leichnam der Würdelosigkeit preisgegeben wäre. Um einen Glaubensgenossen zu bestatten, hatte er das Mahl zum Pfingst-Fest verlassen, denn er brachte es nicht fertig zu feiern, wenn er andere in Not wusste. Als er zurückkam, ging er nicht ins Haus, sondern schlief im Hof. Über ihm nisteten Sperlinge, deren warmer Kot in seine Augen fiel. Die Verätzungen, die er dadurch erlitt, waren nicht mehr heilbar, kein Arzt wusste Rat, er erblindete.

Nun sitzt er, zur Tatenlosigkeit verdammt, zu Haus. Sein Vermögen ist nach einigem Auf und Ab verloren gegangen, und jetzt kann er nicht einmal mehr für seine Familie sorgen. Er ist in allem auf Hanna angewiesen, seine Frau, die mit Webarbeiten den Lebensunterhalt verdient. Tobit gerät ganz ins Dunkel, er sieht nur noch Schwarz in des Wortes zweifacher Bedeutung, und so ist es für ihn undenkbar geworden, dass ihm irgendetwas geschenkt werden könnte. Als Hanna zusätzlich zum Lohn als Anerkennung für ihre gute Arbeit ein Ziegenböckchen bekommt, meint er, sie könne es nur gestohlen haben. So blind ist er.

Als sie von ihrem Mann des Diebstahls bezichtigt wird, wehrt Hanna sich nicht, verteidigt sich nicht, sagt nur ganz traurig: „Dahin bist du nun gekommen mit deiner Rechtschaffenheit!"

Als Tobit diesen Satz hört, bricht mit einem Mal seine ganze wohl geordnete Welt zusammen, die Betrübnis überwältigt ihn, und er bricht in Tränen aus. Bisher hatte er immer gemeint, wenn er sich nur gesetzestreu und rechtschaffen verhalte, wäre Gott auf seiner Seite und damit auch das Glück. Glück als Belohnung, Not als Strafe. Dass Gott ohnehin auf seiner Seite sein könnte, dass er als Gottes Kind angenommen wäre auch ohne sein verbissenes Durchhalten in dem, was „gottgefällig" ist, dass das, was Gott gibt, nicht Gegenleistung, sondern ein Geschenk sein könnte, all das ist für ihn nicht denkbar. Immer, wenn es ihm wohl ergangen war, hatte er darin den Lohn für sein Wohlverhalten gesehen. Und nun? Sein ganzes System ist erschüttert. Wie, auf welche Weise, soll er weiter leben? Wozu ist er überhaupt noch auf der Welt? Er sieht in seinem Leben keinen Sinn mehr und wünscht sich nichts sehnlicher als den Tod.

Viele Meilen weit entfernt lebt eine junge Frau, Sara, die zu eben dieser Zeit gleichfalls so verzweifelt ist, dass sie sich sogar selbst das Leben nehmen will. Davon hält sie nur der Gedanke an ihre Familie ab, die unter dem Spott der Gesellschaft zu leiden hätte, wenn sie sich umbrächte. So wünscht sie sich aber dennoch so sehr den Tod, dass sie Gott bittet, sie aus dem Leben zu erlösen, einem Leben, in dem sie keinen Sinn mehr sehen kann. Denn Sara war von ihrem Vater schon sieben Männern zur Frau gegeben worden, und alle sieben Mal war es geschehen, dass der frisch Angetraute noch vor der Hochzeitsnacht von einem Dämon getötet wurde, wie es heißt. Sara wurde zum Gespött der Stadt, ja, nicht nur das, man nannte sie eine vom Dämon Besessene, und schlimmer noch: eine Mörderin. Wie Tobit, so lebte auch Sara im Gefühl, brav zu sein, tugendhaft und sittsam, frei von Begierden, bemüht, nur das zu tun, was gut und richtig ist. Sie war dabei sicher auch voller Angst vor allem Unberechenbaren, Unkontrollierbaren, vor Berührung und Sinnlichkeit, und so eingeengt gab ihr Leben wenig Raum für Freiheit und Lebendigkeit.

Immerhin scheint sie sich doch trotz aller Ausweglosigkeit ganz vage ein Bild von einer Alternative zum Tod zu machen, von der Möglichkeit, dass schließlich noch der Richtige für sie kommen könnte.

Tobit und Sara halten ihre Verzweiflung, ihre ganze Hilflosigkeit Gott hin im Gebet. Überraschenderweise beginnen beide damit, dass sie Gottes Barmherzigkeit, seine Treue und Gerechtigkeit preisen. Damit stellen sie sich selbst in einer Situation, in der ihnen nur noch der Tod eine Lösung – eine Erlösung scheint, doch noch, trotz aller Hoffnungslosigkeit, unter den Schutz und die Führung Gottes. Sie können nicht mehr selbst bestimmen, nichts mehr allein recht machen, sie sehen beide keine Möglichkeit mehr für ein gelingendes Leben aus eigener Kraft. Also vertrauen sie sich – allerdings eben mit dem tiefen Wunsch, Gott möge sie sterben lassen – doch seinem Plan, seinem Willen an. Dabei löst sich das Gefühl von Ohnmacht und Hilflosigkeit zwar nicht auf, das nicht. Aber mit diesem Rest an Gottvertrauen fallen die beiden – wo sie nun schon keinen Halt mehr in ihren bisherigen Lebensstrukturen mehr finden – doch nicht ganz ins Bodenlose.

Sara wartet also ab, was geschehen wird, und auch für Tobit bleibt erst einmal die Zeit stehen, in der er aus eigenen Kräften sein Leben gestalten könnte. Dabei fällt ihm ganz „zufällig" ein, dass es doch wenigstens aus seiner finanziellen Not einen Ausweg geben könnte: Vor geraumer Zeit hatte er einem Verwandten im fernen Medien eine größere Geldsumme anvertraut. Er selbst ist ja durch seine Blindheit nicht reisefähig, aber er könnte doch Tobias, seinen Sohn schicken, das Geld zu holen.

Wenn wir diese Geschichte bis hierhin anschauen und uns dabei überlegen, wie um alle Welt wir selbst denn für andere Menschen ein guter Weggefährte, wie wir für sie ein Engel sein können, wenn sie in einer solch extremen seelischen Not stecken, werden wir vermutlich erst einmal erschrecken über die Verantwortung, die wir spüren, und dazu werden wir uns unserer eigenen Hilflosigkeit bewusst.

In diesem Moment ist es wahrscheinlich gut, genau das zu tun, was Tobit und Sara getan haben: unsere Hilflosigkeit zu spüren, sie vertrauensvoll dem hinzuhalten, der Schöpfer und Vollender ist, um Hilfe zu bitten und loszulassen im Bewusstsein, dass die letzte Verantwortung nicht auf unseren Schultern liegt. Wenn wir nämlich – und gerade die professionellen Helfer unter uns sind da in besonderer Gefahr – meinen, wir müssten diejenigen sein, die eine ausweglose Situation für andere lösen sollen, wenn wir uns allzu rasch für andere verantwortlich machen oder glauben, eigentlich die Welt retten zu müssen, sind wir schlecht beraten. Einerseits ist das die Quelle ständiger

Überforderung und ständigen Scheiterns an einer viel zu großen Aufgabe, andererseits ist es auch eine versteckte Phantasie von Omnipotenz, in die wir geraten sind. Denn nicht wir sind es, die letztlich für das Schicksal unseres Nächsten verantwortlich sind. Wir können es getrost dem Schöpfer überlassen. Der aber wirkt und handelt oft genug nicht unmittelbar sondern durch „Zweitursachen", in denen wir dann manchmal – als Weggefährten – eine Rolle zugeteilt bekommen.

Wenn ich mich an eine Situation erinnere, in der ich selbst so sehr am Ende war, dass ich nur noch sterben wollte, weiß ich, dass damals ein Mensch für mich zum Engel geworden ist.

Es ist über vierzig Jahre her. Ich lag frisch operiert im Krankenhaus und sah mich in nichts als Trümmern und Scherben. Ich hatte meinen Lebensweg verlassen, weil ich etwas besonders gut hatte machen wollen, – und gerade damit war ich restlos gescheitert. Heute erst wird mir klar, dass ich ähnlich wie Tobit in Gefahr war, vor lauter brav sein und alles richtig machen wollen, auch in die Ecke der Selbstgerechtigkeit zu geraten, oder wie Sara in Lebensferne. Nun war ich mit meinem Gutmeinen und Besserwissen an die Wand gelaufen und hatte keine Ahnung mehr, wozu ich überhaupt auf der Welt war, geschweige denn, was der Sinn meines Lebens sein könnte. Schlimmer noch: Eine gestresste, genervte Krankenschwester hatte gesagt, ich sei lästig und mache nichts als Arbeit. Wenn das so ist, dachte ich, dann mache ich jetzt eben nur noch ein einziges letztes Mal meiner Umwelt Arbeit, und dann ist sie mich los. Ich nahm – von der Narkose noch halb betäubt – meine ganze Kraft zusammen und machte mich auf den Weg zum Aufzug, um in den obersten Stock zu fahren und dort ein Fenster zu suchen. Eine Schwester, ausgerechnet die, der ich ohnehin das Leben schwer gemacht hatte, erwischte mich, schimpfte, bugsierte mich wieder ins Bett und fuhr mich auf den Korridor, damit man mich unter Kontrolle behielte. Alle sahen mich nun da liegen, die eiligen Pfleger und Schwestern, die geschäftigen Ärzte und die Besucher. Nach Stunden war dann Schichtwechsel. Die Nachtschwester kam, setzte sich auf meinen Bettrand und fragte in ihrem weichen Schwäbisch: „Was weinscht denn?" Und als ich ihr unter Schluchzen erklärte, dass ich für nichts mehr gut sei auf der Welt und deshalb nur noch sterben wolle, hat sie mir keine Moralpredigt gehalten, hat mir auch nichts aus- oder eingeredet, mir nur zugehört und dann gesagt: „Du kannscht damit doch wenigschtens noch bis morgen warten. Und dann schauscht du noch mal, ja?" Ihr widerborstiges graues Haar unter der Schwesternhaube roch ein bisschen nach Küche, nach Spätzle mit Zwiebeln? Ein Stück sehr irdische Wirklichkeit. Bis morgen noch weiter leben also, ja, warum nicht, warum heute, warum jetzt, warum…? Es war wie ein schwieriges, ein unlösbares Rätsel, das sie mir in den Weg gestellt hatte, wie eines dieser japanischen Koans, die das Denken ad absurdum führen. Wahrscheinlich war es gerade dieser geheimnisvolle Zeitaufschub, in dem andere Weichen gestellt wurden, ohne dass ich selbst dabei mitwirkte. Ich fühlte nicht mehr diese verzweifelte Panik. Warum hatte es eigentlich so dringend jetzt sein müssen, dieses Ende? Wäre das nicht so, als stürmte ich mitten im Film aus dem Kino, bloß weil die Handlung ausweglos zu sein scheint? Warum nicht da bleiben, im Bewusstsein, dass das Ende schon kommen wird – zu seiner Zeit?

Als ich am nächsten Morgen aufwachte, war die Nachtschwester schon gegangen. Ich habe sie nie wieder gesehen.

Wenn ich Jahrzehnte später Klienten in meiner Praxis hatte, die mit dem Gedanken an Selbsttötung spielten, habe ich immer an diese Komponente des Zeitaufschubs gedacht. Ich habe nicht gesagt: „Das dürfen Sie nicht, das ist ethisch oder moralisch oder religiös verwerflich." Ich habe nicht gesagt: „Dazu haben Sie kein Recht." Ich habe nur gebeten, eine Vereinbarung mit mir zu treffen, die gilt, so lange wir miteinander arbeiten, und: „Sollten Sie den Entschluss fassen, sich umbringen zu wollen, lösen Sie zunächst diese Vereinbarung." Allein das Formulieren dieses Vertrages und die Tatsache, dass sie das Schriftstück bei mir hinterlegten, hat in allen Fällen ein anderes Bewusstsein bewirkt. Einmal, als mich eine Klientin anrief, nachts, und sagte: „Es ist so weit, ich möchte den Vertrag lösen.", fragte ich: „Ist es Ihnen recht, wenn ich noch eben bei Ihnen vorbeikomme?" Sie war einverstanden. Und sie hat ihren Entschluss dann geändert. Das ist jetzt mehr als zwei Jahre her, und das Leben, das sie heute führt, ist bunt und erfüllt.

Zeiträume eröffnen, Raum geben, das ist vielleicht eine der wichtigsten Aufgaben für einen Weggefährten, wenn sich jemand den Tod wünscht. Die Wegstrecke, die gerade dann beginnt, wenn wir meinen, das Lebens nicht mehr aushalten zu können, kann eine der wichtigsten Reifephasen sein. Für uns selbst und vielleicht auch für unseren Nächsten.

„Wenn einer von uns beiden unheilbar krank wird und Schmerzen leidet, und die Situation unerträglich ist, dann sorgt der andere dafür, dass dem ein Ende gemacht wird." Das hatte sich ein Ehepaar versprochen. Sie hatten eine geladene Pistole in der Wohnung, und das Versprechen, in Liebe und wohl überlegt gegeben, war ihnen beiden ganz wichtig. Als der Ehemann dann monatelang auf den Tod krank zu Haus lag, gab es tatsächlich zwei Situationen, in denen er sagte: „Schatz, es ist so weit, jetzt!" Dass seine Frau beide Male zögerte, bewirkte genau diesen Zeitaufschub, durch den die beiden – im Rückblick gesehen – vielleicht sogar die kostbarsten Momente ihrer Beziehung miteinander teilen konnten. Auch die Kraft, mit dem Abschied fertig zu werden und später nach dem Tod ihres Mannes mit der Zeit des Alleinseins, hat die Frau gerade aus den Monaten gewonnen, die sie – wenn es nach ihrem ursprünglichen Versprechen gegangen wäre – nicht mehr gemeinsam erlebt hätten.

Heilsam ist also die Zeit, die die momentane Panik auffängt. Solch eine Verzögerung wird auch in unserer Geschichte bei diesen beiden, Sara und Tobit, auf je ganz eigene Weise wirksam, wie wir sehen werden.

Das Zweite, was hilfreich sein kann in der Begegnung mit Menschen, die sich den Tod wünschen, lesen wir auch in dieser Geschichte. Es heißt da, sie fanden Gehör bei Rafael. Hören. Hinhören. Nichts überhören und wirklich genau zuhören, das ist wichtig. Denn dabei kann uns der hilfreiche Schlüssel nicht entgehen, der in einem kleinen Wort liegt, dem „so". „Ich kann so nicht weiterleben!" Und wenn jemand sagt: „Ich will nicht mehr leben" und wir vorsichtig nachfragen: „Du willst so nicht mehr leben?", wird vermutlich ein Ja die Antwort sein, und das führt uns zum Zentrum dessen, was dieses Leben so unerträglich macht. Für uns als Gefährten ist es immer sinnvoll und ratsam, diesen Grund genau zu erfragen, ihn ernst zu nehmen und ihn dann in Ruhe gemeinsam anzuschauen. Was immer es ist: ob es die hohe Verschuldung eines Geschäftsmannes ist, oder die Verzweiflung über eine zerbrochene Ehe, ob es das Gefühl der Sinnlosigkeit oder Nutzlosigkeit, oder die Angst ist, etwas nicht bewältigen zu können, wenn immer wir uns die Zeit nehmen, zusammen dem Schrecken zu begegnen und nach Lösungen oder Hilfen zu suchen, ist viel gewonnen. Manchmal ist dann die direkte Lösung eines Problems das, was der Bewältigung der Lebenskrise dient.

Als Tobit und Sara in ihrer Not um Hilfe beten, kommt diese Hilfe zu ihnen. Sie kommt in Gestalt eines Engels, Rafael, der gesandt wird, beide zu heilen, oder, wie es auch heißt: „dass er beiden helfe".

Spannend wird die Geschichte dadurch, dass Rafael nicht zu Tobit geht und ihn von seiner Blindheit heilt, und nicht zu Sara, um sie vom Dämon zu erlösen, obschon dies ja sein eigentlicher Auftrag ist, sondern er gesellt sich Tobias zu, dem Sohn von Tobit. Das heißt: Rafael handelt nicht problemorientiert, wie wir heute sagen würden, sondern indirekt, und geht fördernd und helfend auf den Weg mit Tobias, dem Sohn Tobits, dem zukünftigen Gatten von Sara. Das ist sinnvoll, denn Tobit hätte an einem jähen Wunder keine Chance zu einem Reifungsprozess gehabt, er wäre weiter in seinem starren System von Wohlverhalten – Lohn, Fehlverhalten – Strafe gefangen geblieben. Es war wichtig, dass er erlebte, wie er seine Krise nicht durch Verstand, Gottgefälligkeit und guten Willen zu meistern vermochte. Auch nicht durch seine gewohnte Bereitschaft zu Verzicht und Genügsamkeit, so wie er notfalls bisher immer auf seine eigenen Wünsche verzichtete, sich vielleicht im Lauf seiner Kindheit als Waise und Flüchtlingskind dazu erzogen hatte, eigene Wünsche gar nicht erst wahrzunehmen. Dadurch hatte er zwar eine Art eigenbrötlerisches Machtpotenzial aufgebaut, das sich für ihn mit dem Gefühl von Stolz und Würde verband. Jetzt aber wird deutlich, dass dies nicht hilfreich, sondern hinderlich sein kann.

Auch Sara wäre nicht geholfen, wenn sie lediglich aus der quälenden Situation herausgelöst würde. Ihr Selbstbild und auch ihr Lebensweg würden damit nicht wirklich zum Heilsamen verändert.

Die beiden bleiben also scheinbar zunächst ihrer Situation überlassen, ihrem Gefühl von Aussichtslosigkeit, Stockung und Dürre.

Wie ist das eigentlich mit uns selbst: Wie leben wir in „Wüstenzeiten"? Fühlen wir uns lediglich als Opfer und verhalten uns entsprechend? Oder verlieren wir den Boden unter den Füßen? Wenn ja – lassen wir uns halten oder auffangen? Oder wehren wir beleidigt alle Hilfe ab? Wagen wir den Schritt von der Eigenmächtigkeit zum Vertrauen? Trauen wir uns in Veränderungen, in Lernschritte hinein? Leben und Lernen bedeutet ja auch, durch Unsicherheit gehen zu müssen, Wandlung geschehen zu lassen, Neues zu entdecken und zu integrieren, Altes hintan zu lassen, so wie im Gehen mit jedem Schritt Boden verlassen, losgelassen werden muss.

Und wie reagieren wir, wenn wir als Weggefährten jemandem begegnen, der sich in solch einer Zeit der Verunsicherung, der existenziellen Krise befindet, und er igelt sich ein, macht sich unerreichbar für seine Umgebung?

Für mich ist gerade hier das Wirken von Rafael ein hilfreiches Beispiel: Er respektiert Tobit an der Stelle, an der er ihn antrifft und holt ihn da nicht eigenmächtig heraus, obwohl – oder gerade weil er zu seiner Heilung gekommen ist. Ebenso können auch wir spüren, dass es für Menschen, die sich solchermaßen abgrenzen, wichtig ist, sich dadurch zu schützen, um nicht in Veränderungen hineingezwungen zu werden, für die es noch nicht die richtige Zeit wäre. Solche Schutzmechanismen gilt es also zu respektieren. Das heißt allerdings nicht, dass alles in der Situation erstarren sollte, so wie es ist, denn es kann allemal hilfreich sein, wenn Bewegung ins Geschehen kommt. Und genau das ist es, was das Auftreten Rafaels auslöst.

Wenn wir uns als Gefährten für einen Menschen in höchster Not ratlos fühlen, weil wir keinen direkten Zugang finden, ist es sinnvoll, wenn wir – im Gegensatz zu dem Verzweifelten selbst – nicht den Blick starr auf das Problem gerichtet halten, sondern die Situation so weiträumig als möglich anschauen und unseren kreativen Mut nicht verlieren, um vielleicht auf irgendeine Weise Bewegung in das zu bringen, was die weitere Umgebung dessen ausmacht, der sich in seine Verzweiflung geflüchtet hat.

Noch etwas ist hilfreich, um einem Menschen aus seinem Kummer und dem Gefühl der Sinnlosigkeit herauszuhelfen, etwas, was im Verlauf unserer Geschichte deutlich wird: Tobit rückt bereits aus dem Sog der Depression heraus, als er beginnt, sich mit den Vorbereitungen zur Reise seines Sohnes zu beschäftigen.

So einfach kann es tatsächlich manchmal sein, jemanden aus den Gedanken herauszulösen, die ständig um Not und Versagen kreisen. Ein Projekt, das wichtig genug ist, um die Aufmerksamkeit zu beanspruchen, hilft einem Menschen, der keinen Ausweg mehr zu sehen schien, sein Elend eine Zeit lang zu vergessen. Wieder ist die Komponente des Zeitgewinns bedeutsam, aber auch etwas anderes: In dem Maße, in dem wir uns etwas Wesentlichem, etwas Sinnvollem zuwenden, relativiert sich das Ausmaß dessen, was uns bis dahin in unseren Kummer bannte. Wenn wir also als Weggefährten einem Menschen, der in solch einer dunklen Zeit verfangen ist, einen Zusammenhang aufzeigen, in dem er gebraucht wird, kann das zuweilen förderlicher sein als aller Beistand und als alle Versuche zu trösten. Vielleicht können wir selbst ihn auch um einen Gefallen bitten, um Hilfe bei etwas, worin er kundiger oder geschickter ist als wir. Wer ein „wofür" hat, wird sich selbst nur schwerlich aufgeben.

Tobit will also seinen Sohn auf den Weg schicken, um die Geldsumme zurückzuholen, die sein Verwandter, Gabael, für ihn aufbewahrt hat. Davor drängt es ihn aber noch, Tobias alles ans Herz zu legen, was er in seinem Leben beachten und befolgen soll. Er ermahnt ihn zur Ehrfurcht vor Gott und zur Kindesliebe, er ruft ihm seine sozialen Pflichten vor Augen und beschwört ihn, niemals zu vergessen, für andere zu sorgen und Almosen zu geben, er warnt ihn eindringlich vor den Gefahren der Unzucht und des Hochmutes. Dabei macht er immer wieder deutlich, dass diese Anweisungen und Belehrungen sein Vermächtnis sind: „Wenn ich sterbe…" und: „Mein Sohn, wenn ich gestorben bin,…" Das versieht die Aufzählung der religiösen und moralischen Gebote und Verbote mit einem zwingenden Druck, dem sich Tobias nicht entziehen könnte, selbst wenn er es wollte. Dahinter steht der Wunsch Tobits, sein Sohn möge genauso wie er selbst rechtschaffen, gottesfürchtig, hilfsbereit und gerecht sein und alles andere hintan stellen im immer währenden Versuch, Gott gefällig zu sein. Immer noch ist Tobit ja auf der Suche nach einem Grund für das Leid, das ihn getroffen hat, und diesen Grund glaubt er nirgends anders finden zu können als in eigenem Versagen, in Sünde und Schuld. Nun also soll sein Sohn endgültig die hohen Ideale in seinem Leben verwirklichen, an denen Tobit glaubt, gescheitert zu sein.

Sicher, in all den Ermahnungen und letzten Verfügungen liegt viel Weisheit, viel Erfahrung, viel gelebter Glaube, Verankerung in der Tradition und Treue. Aber mit dieser geballten Form seiner Belehrungen überhäuft er Tobias derart, dass dieser kaum noch darunter hervorschauen kann und auch ziemlich unselbstständig und verzagt reagiert, nämlich mit dem typischen: „Ja, aber…". Er sagt, er wolle alles tun, was der Vater gesagt hat, aber er wisse nicht, wie er den Weg finden und den Auftrag des Vaters erfüllen könne. Damit meint er sicher den Auftrag, das Geld von dem Verwandten zu fordern, den er ja nicht einmal kennt, – aber dahinter steht vielleicht auch die Angst vor dem anderen, viel zu belastenden Auftrag, dem Vorbild dieses gerechten, aufopfernden, stets tugendhaften, rechtschaffenen, im Glauben und Gehorsam unerschütterlichen Über-Vaters auch nur einigermaßen gerecht zu werden.

Wenn wir selbst jemanden ermuntern wollen, sich auf den Weg zu machen, auf welchen auch immer, ist es vielleicht nicht gerade hilfreich, wenn wir ihn vorher mit unserer gesamten Weisheit überschütten. Ein guter Lehrer zeichnet sich dadurch aus, dass er wohl Wissen vermittelt, darüber hinaus aber vor allem Eigenkräfte, Initiative, Mut und Lust am selbstständigen Lernen anregt bei denen, die ihm anvertraut sind. Genau das wird, wie wir sehen werden, beispielhaft deutlich in der Art, in der Rafael Tobias auf seinem Weg begleitet.

Ich unterstelle Tobit nichts Ähnliches, aber mir fallen in dieser Szene seiner letzten Ermahnungen immer wieder die Menschen ein, die das, was sie ihren Angehörigen als direkte oder verschlüsselte Botschaften und Bitten weitergeben, mit Andeutungen über ihren möglichen nahen Tod verstärken. Solche Menschen können, ob sie nun tatsächlich todkrank oder suizidgefährdet sind oder den Gedanken nur als Machtmittel benutzen, für ihre Mitmenschen zu erbarmungslosen Erpressern werden, können ständige vorweggenommene Schuldgefühle auslösen, mit denen sie ihre Umgebung mühelos manipulieren und peinigen, schlimmstenfalls über ihren – vielleicht tatsächlich selbst gewählten – Tod hinaus.

Das funktioniert übrigens fast ebenso gut mit demonstrativ pathetisch dargestelltem Märtyrertum. Je mehr sich jemand in die Rolle des „Opfers" begibt, desto mehr sehen sich seine Mitmenschen in die Rolle der Täter gedrängt. Hier kommt das unheilvolle Gegenbild der wirklich bewundernswerten Haltung zum Vorschein, mit der ein Mensch Leid und unheilbare Krankheit tapfer aushält und selbst im Unglück noch fähig bleibt, „trotzdem Ja zum Leben zu sagen", so wie Viktor Emil Frankl es im gleichnamigen Buch auf Grund seiner eigenen Erlebnisse im Konzentrationslager sehr beeindruckend schildert.

Wie gesagt: Ich unterstelle Tobit solch eine Haltung nicht, aber ich meine, dieses Seitenthema ist wichtig, wenn wir überlegen, wie wir Menschen beistehen, die sich den Tod wünschen. Es ist in solchen Fällen zuweilen ein guter Schlüssel, sie ernst zu nehmen, nicht wie trotzige Kinder, die drohen, sich aus dem Staub zu machen, weil ihnen die Situation, so wie sie ist, nicht passt, Kinder, die uns eine Verantwortung aufzubürden drohen, die sie selbst nicht tragen wollen, eine Verantwortung, die wir vielleicht allzu bereitwillig übernehmen – samt dem Schuldgefühl, wenn wir die Welt nicht gerade rücken können für sie. Nein, ich meine, wir müssen sie vielmehr ernst nehmen als selbstverantwortliche Erwachsene, die ihren eigenen Werten, ihrer Moral und ihrem Ethos, die ihrer inneren Stimme gegenüber verpflichtet sind und sich selbst gegenüber untreu oder schuldig werden können. Es ist gut, wenn sie durch unser Verhalten verstehen, dass es nicht angeht, die Verantwortung für ihr Auf und Ab der Umgebung anzudienen,

Das alles gehört durchaus auch zu der Art und Weise, wie Rafael dem Todeswunsch der beiden – Tobit und Sara – begegnet: Er überlässt sie ihrem erwachsenen Weg. Für den allerdings hilft er indirekt, Zeit und Raum zu schaffen.

Vertrauen

Den richtigen Gefährten finden

„Such dir für die Reise einen Begleiter", sagt Tobit zu seinem Sohn, „und wenn ich noch am Leben bin, will ich ihn bezahlen."

Wieder ist der belastende Druck des möglichen nahen Todes spürbar. Umso notwendiger wird die Unterstützung eines Gefährten, eines Freundes sein.

Tobias geht also auf die Suche nach einem Begleiter und begegnet Rafael, ohne zu wissen, dass dieser ein Engel ist. Natürlich, denn würde sich Rafael von Anfang an als Engel offenbaren, wäre es nicht möglich, dass sich die Menschen, für die er da ist, auf eine Weise entwickeln, die sich aus ihnen selbst entfaltet. Sie würden in Erwartung von Wundern passiv bleiben und das eigene Wachsen und Reifen missachten.

„Kannst du mit mir nach Rages in Medien reisen? Ist dir die Gegend dort vertraut?" fragt Tobias, und Rafael sagt: „Ich kenne den Weg, ich war auf meinen Reisen auch schon bei Gabael zu Gast."

Tobias ist also genau auf den zugegangen, der nicht nur den Weg weiß, ja, ihn selbst schon gegangen ist, sondern auch Bekanntschaft mit dem Mann gemacht hat, von dem Tobias das Geld holen soll. Der ideale Weggefährte!

Als Tobias sagt, er wolle gleich zu seinem Vater gehen, um ihm von dieser guten Fügung zu erzählen, ruft Rafael ihm nach: „Gut, aber halte dich nicht auf!"

In meinen Ohren klingt das auch wie: „Gut, dass du an ihn

denkst und ihn beruhigen willst, aber dann ist es Zeit, dass du beginnst, die Dinge selbst in die Hand zu nehmen."

Damit hat es allerdings noch seine Weile, denn Tobit will erst einmal diesen jungen Mann vorgestellt bekommen, der mit seinem Sohn auf die Reise gehen soll. Die Begegnung zwischen ihm und Rafael wird auf ihre Weise ein Teil der Entwicklungsgeschichte des Blinden. Rafael begrüßt ihn mit einem Segenswunsch.

Wenn ich in der Heiligen Schrift immer wieder lese, wie Menschen sich zur Begrüßung und zum Abschied segnen, klingt mir unser „Taag", oder „Hallo", oder „Tschüss" oder „Na dann…" noch absurder als vorher, und ich denke immer wieder über eine mögliche andere Kultur der Begegnung nach.

Rafael begrüßt Tobias nicht mit „Friede sei mit dir!", sondern er sagt: „Gott gebe dir Freude!", und darauf zieht sich Tobit erst einmal grämlich in sich zurück: „Was soll ich schon Freude haben, wenn ich im Finstern sitze und das Licht des Himmels nicht sehen kann." Damit hat er eine genaue Kurzbeschreibung seiner psychischen Situation gegeben, eine Patienten-Anamnese sozusagen für Rafael, dessen Name ja übersetzt heißt „Gott erweist sich als Arzt" oder „Gott heilt". Seine Antwort: „Hab Geduld, Gott wird dir bald helfen!" scheint Tobit in diesem Moment überhaupt nicht zu hören, so wie wir immer wieder erleben, dass Hoffnung dort keinen Einlass findet, wo der Blick wie durch einen Tunnel nur auf die eigenen Schwierigkeiten und Probleme gerichtet ist. Im Wissen darum, dass die Zeitspanne bis hin zu Tobits Heilung ihre Dauer haben muss, lässt Rafael das einfach so stehen und stellt sich den Fragen des Blinden, der unbedingt wissen will, wer dieser junge Mann ist, der mit Tobias auf die Reise geht, aus welcher Familie er kommt, aus welchem Stamm. „Sag es mir!"

Als ich diese Stelle der Geschichte zum ersten Mal las, hielt ich den Atem an. Was wird nun geschehen? Muss Rafael offenbaren, dass er ein Engel ist? Wird er eine Geschichte erfinden? Wird er versuchen, sich herauszureden? So sieht es tatsächlich zunächst aus, denn er fragt zurück: „Was ist dir wichtig, geht es dir um Stamm und Herkunft oder solltest du nicht zufrieden sein, dass du einen Boten hast?"

Diese Frage: Was ist dir wichtig, was willst du wirklich? kann in der Begleitung von Menschen in Krisenzeiten, von Menschen auf der Suche nach ihrem Weg, manchmal zum entscheidenden Schlüssel werden. Hier wird dieses Angebot allerdings nicht einmal wahrgenommen. Bedeutsam ist auch das Wort „Bote": das Wort Engel, abgeleitet vom griechischen „angelos", bedeutet Bote. Vielleicht hätte Tobit jetzt schon etwas von der wahren Gestalt Rafaels erkennen können, und vielleicht hat er auch tatsächlich mehr gespürt als ihm bewusst war, denn als er später von Tobias Abschied nimmt, segnet er ihn mit den Worten: „Gott, der im Himmel wohnt, wird euch behüten und sein Engel möge dich begleiten." Im Augenblick aber ist Tobit noch voller Zweifel und Sorgen, und die zerstreut Rafael bereitwillig, indem er antwortet: „Ich bin Asarja, der Sohn des großen Hananja, einer von den Brüdern deines Stammes."

Ist Rafael also ein Engel, der lügt? Wohl kaum. Er ist ein junger Mann namens Asarja, Sohn des Hananja. Er ist ein ganz gewöhnlicher Mensch, der für Tobit, Sara und Tobias für eine gewisse Zeit zum Engel werden soll. Nicht nur wir brauchen Gott, wie Martin Buber schreibt, sondern Gott braucht uns zu dem, was auch Sinn unseres Lebens ist: dass wir teilhaben an der Schöpfung, als „ausführendes Organ göttlicher Vorsehung und des Heilsplanes Gottes", als Helfer und Gefährten.

Asarja also. Asarja heißt übersetzt: „Gott erweist sich als Helfer", „Gott hilft". Und hinter ihm steht, mit ihm geht Rafael, der Engel. So kann er zur rechten Zeit als Freund und Gefährte, als Berater und Verbündeter dort sein, wo Gott sich als Helfer erweisen will.

Als Tobias diesen Gefährten für seine Reise findet, fasst er rasch Zutrauen zu dem jungen Mann, der sich ihm zugesellt. Er fragt aber doch erst nach zwei grundsätzlichen Vorbedingungen: „Lässt du dich auf den Weg mit mir ein, kannst du mit mir nach Medien reisen?" und „Ist dir diese Gegend vertraut?". Für Tobit, seinen Vater, ist dagegen noch ein anderes Kriterium wichtig: „Aus welchem sozialen und geistigen Hintergrund kommst du, von welchem Stamm?"

Es ist erstaunlich, wie exakt diese Fragen die Kriterien umfassen, die für uns wichtig werden können, wenn wir uns umschauen nach einem zuverlässigen, hilfreichen Begleiter für uns selbst oder für andere.

„Willst du mit mir nach Medien gehen?" fragt Tobias.

Wenn wir einen Weggefährten suchen, ist es wichtig, dass wir sicher sein können, dass er bereit ist, uns zu begleiten, ohne langes Zögern, ohne erst Einwände und Einschränkungen zu machen. Es sollte also nicht jemand sein, der uns das Gefühl gibt, wir müssten uns erst nach seinen Regeln, Gesetzen und Bedingungen formen oder formen lassen, bevor wir uns auf den Weg machen. Das wäre hinderlich für den Start in ein Miteinander. Vielleicht sollte aber vor allem anderen „die Chemie stimmen", dieses untrügliche, nicht leicht zu erklärende Gespür dafür, dass wir einander vertrauen können.

Wenn ich eine therapeutische oder seelsorgerliche Begleitung suche, ist es wichtig, dass ich in einem ersten Gespräch nachspüren kann, ob derjenige, dem ich mich für eine gewisse Zeit anvertrauen will, auch wirklich der richtige Begleiter für mich ist. Das hat nur bedingt mit der professionellen Kompetenz zu tun, es bezieht sich nicht nur auf die Art seiner Methode, sondern auch auf die Frage, ob hier ein Ort ist, an dem ich – vielleicht erst mit der Zeit – getrost Schutz-Barrieren und Absicherungen loslassen kann. Eine Frage des Vertrauens also. Dies ist auch der Hintergrund zur Frage von Tobias: „Ist dir die Gegend vertraut?"

Wenn wir als Gefährten einen Freund auf einer unvertrauten Wegstrecke begleiten, und der andere ist unsicher, vielleicht ängstlich, was da auf ihn zukommen könnte, kann es ungemein beruhigend für ihn sein, wenn wir ihm versichern: „Ich war schon einmal dort. Ich habe mich diesem Weg mit seinen Gefahren schon einmal gestellt, auf dem du Begleitung suchst." Oder: „Ich kenne das, ich habe damit schon meine Erfahrungen gemacht, ich weiß, was auf dich zukommen kann, weil ich mich selbst einmal darauf einlassen musste." Während ich mich so mit einem Freund austausche, gehört es dazu auch, dass ich mich nicht als die große Weise aufspiele, die von vornherein alles durchschaut und gut gelöst hat. Es gehört dazu, dass ich die Erinnerungen an mein Suchen und Stolpern mit dem Anderen teile oder an Sackgassen, in die ich geraten bin, und die ich dann, um eine Erfahrung reicher, wieder zurückgewandert bin. Da war zum Beispiel eine Ausbildung, die ich nach kurzer Zeit abgebrochen habe, oder eine Beziehung, die bald nur noch als Freundschaft tragfähig war. Dass ich durchaus nicht mit leeren Händen zurückkam auf den Weg, den ich verlassen hatte, wurde mir erst eine geraume Zeit später klar.

Tobit, der Vater, stellt ganz andere Fragen, um Rafael auf seine Vertrauenswürdigkeit hin zu prüfen: „Aus welcher Familie bist du? Aus welchem Stamm?"

Die Voraussetzungen, die für ihn wichtig sind, heißen in unserer heutigen Gesellschaft nichts anderes als: Bist du jemand, der meine Sprache versteht und spricht, meinen geistigen Hintergrund kennt und respektiert, die Tradition aus der ich komme, die meine Wurzel ist, – aber auch die Flächen, an denen ich mich reibe, die ich hinterfrage und auf Grund derer ich mich selbst in Frage stelle?

Immer wieder tauchten in meiner Umgebung Berichte über recht bizarre Gurus auf, über selbst ernannte Weisheitslehrer aus fernen Ländern und Kulturen, die ihre eigenen religiösen Traditionen unübersetzt – in des Wortes zweifacher Bedeutung – hier in Westeuropa anbieten, ohne zu wissen, von welchen geistigen oder geistlichen Voraussetzungen sie beim staunenden Publikum ausgehen können, welche Bilder und Symbole mehr oder weniger geordnet und verarbeitet in den Köpfen derer zu vermuten sind, die sich, auf der Suche nach der eigenen Identität, nach dem Sinn gerade ihres Lebens, zu ihnen verirrt haben. Diese Suchenden dort anzutreffen wo sie sind, sie von dort abzuholen, um sie auf ihrem Weg zu begleiten, scheint aus dieser Distanz heraus kaum möglich. In nicht nur einem Fall habe ich in meinem Freundeskreis erlebt, wie aus dieser Spannung heraus Partnerschaften und Familien zerbrachen, wie beim Einzelnen irreversibler seelischer Schaden entstand, wie sogar eine Psychose ausgelöst wurde.

Welche Sprache sprichst du, welcher geistige Hintergrund trägt dich? Was sind deine Wurzeln?

„Ich will jetzt, nach drei Therapiestunden, meine Therapeutin fragen, welches Verhältnis sie zu Gott hat", sagte eine meiner Freundinnen, „davon hängt es ab, ob ich weiter mit ihr sprechen kann." Eine Frage im Geiste Tobits. Und wenn sie nicht gerade an eine Therapeutin geraten ist, die es prinzipiell ablehnt, über sich Auskunft zu geben, wird diese Frage sicher einen entscheidenden Impuls für eine gelingende Arbeit miteinander auslösen.

„Aus welchem Stamm bist du?" Die Bedeutsamkeit dieser Frage soll aber keinesfalls verhindern, dass wir aufmerksam und wissbegierig über den kulturellen Tellerrand hinausschauen, bereit, unseren Horizont zu erweitern und von anderen zu lernen, bereit auch, das eigene System gerade im Blick auf das hin zu überprüfen, was wir in fremden Ländern und anderen sozialen Strukturen sehen, und zu begreifen, dass wir das eine oder andere getrost in unser Denken, unser Leben integrieren sollten. Wer von der Reise in ein anderes Land unverändert zurückkommt, ist nicht wirklich dort gewesen, heißt es. Die Anregungen und Erfahrungen, auf die ich mich in anderen Ländern und Kulturen eingelassen habe, sind für mich zu wichtigen Impulsen auf meinem Lebensweg geworden. Ein Beispiel dafür möchte ich mit Ihnen teilen im Kapitel über die Freude, das Leben zu feiern.

„Wo du bist, kann man Gott spüren", hat einmal eine Freundin zu mir gesagt. Ich habe mir darauf nicht etwa eingebildet, ich sei diejenige, die das „bewirkt", sondern mir war klar, dass das eine – zugegebenermaßen wunderschöne – Projektion ist. Die Nähe Gottes spüren wir – ob durch einen Freund, in einer heilsamen Umgebung oder in einer besonderen Situation – nicht etwa, weil dieser Freund, diese Umgebung, diese Situation sie enthalten, sondern weil für uns Gott nahe ist, jetzt, in dieser Begegnung, diesem Erlebnis. Sicher, es gibt Orte und Gegebenheiten, die dafür mehr geeignet sind und andere, die eher „gottlos" scheinen, die vielleicht mit ihrer Atmosphäre die Möglichkeit der Gotteserfahrung im Alltag eher ausschließen. Aber ich bin mir auch dabei nicht so sicher. Ich meine, wir sollten gerade dort darauf gefasst sein, wo wir nichts dergleichen erwarten, in ganz normalen, alltäglichen Ereignissen und in Begegnungen, in denen wir sozusagen den Rafael hinter dem Asarja wahrnehmen können, ganz unverhofft und überraschend.

Bei der Überlegung, was uns selbst denn zu vertrauenswürdigen Weggefährten macht, habe ich eine Liste vor Augen, die ich einmal mit einer Lehrerin zusammengestellt habe, als sie darüber nachdachte, welche Eigenschaften eine gute Pädagogin ausmachen. Wenn ich diese Aufstellung jetzt lese, enthält sie eigentlich nichts anderes als eine Aufzählung dessen, was wir in uns fördern und verwirklichen sollten, um für andere gute Begleiter sein zu können:

Freude am Dasein und Fröhlichkeit, steht da gleich am Anfang, und Selbstbewusstsein. Sich selbst zu schätzen, sich aber auch zur rechten Zeit nicht zu wichtig zu nehmen. Beim anderen in den Schwächen auch die Stärken sehen. Die Fähigkeit zu konstruktiver Kritik und Selbstkritik, Interesse an den Mitmenschen, Menschenliebe, Mut und Experimentierfreude, Kreativität. Die Bereitschaft, den geistigen oder geistlichen Bezug mitzudenken. Spiritualität und Glaube, Neugier, Wissbegier, Toleranz und Demut. Akzeptanz von Andersartigem und Fremdem. Verzeihen können. Geben, aber auch nehmen können. Emotionen zeigen können und Emotionen von anderen nicht nur ertragen, sondern ihren Wert erkennen.

All dies sind Eigenschaften, die wir alle nur zu gern für uns selbst entwickeln, auch ohne den Blick darauf, dass wir durch sie als Mitmensch für die uns Anvertrauten oder als gute Pädagogin für die Schüler zum begleitenden Engel werden können. Manche von uns haben sicher Erinnerungen an solch einen Lehrer, der nicht nur Wissen vermittelt, sondern Quellen erschlossen und Begeisterung und Liebe zur Welt geweckt hat.

Heißt das nicht wiederum: einer, den wir als Engel erfahren, ist „a Mensch", wie es im Jiddischen heißt, also einer, der authentisch ist und all die schönen innewohnenden Möglichkeiten seiner Persönlichkeit fröhlich pflegt und lebt?

Im weiteren Verlauf der Geschichte um Rafael nun, als die Frage der Herkunft geklärt ist, nimmt das Gespräch eine Wende, die mich zunächst erstaunt hat: Tobit handelt den Lohn aus. „Ist es genug, wenn ich dir eine Drachme täglich bezahle und den gleichen Lebensunterhalt wie für meinen Sohn, und wenn ich dir noch etwas dazulege, wenn ihr heil wiederkehrt?" Und ganz lapidar heißt es dann, dass sie sich auf diese Weise einig wurden. Eine Engel-Begleitung für gutes Geld also? Abgesehen davon, dass es damals in dieser Gegend durchaus üblich war, bezahlte Reisebegleiter anzuheuern, ist es darüber hinaus ein Zeichen dafür, wie Rafael sich endgültig als ganz normaler Mensch verhält, der um den Wert seiner Tätigkeit weiß. Das kann Tobit zusätzlich beruhigen. Eigentlich aber ist die Begleitung, die wir einem Menschen geben, unbezahlbar. Das ist denen selbstverständlich, die sich ehrenamtlich engagieren, einfach so, wie sich ihnen die Aufgaben in ihrem Leben stellen, oder auch in zahlreichen Institutionen wie der Krankenhaus-Seelsorge, der Hospizarbeit oder der Aids-Hilfe. Vieles wird erfreulicherweise in zunehmendem Maße hier zu Lande ganz selbstverständlich unentgeltlich geleistet. Selbstverständlich ist das von denen aus gesehen, die ihre Hilfe zur Verfügung stellen. Weniger selbstverständlich oft in den Augen derer, die diese Hilfe annehmen sollen, und die erst einmal mit ihrer Vorstellung von eigener Bedürftigkeit und mit ihrem Stolz ringen. Ich muss mir doch nichts schenken lassen! Und wahrhaftig ist das tatsächlich manchmal eine Hürde, die die ehrenamtlichen Helfer überwinden müssen.

Im Verhalten Rafaels sehe ich hier ein gutes Beispiel dafür, wie wir selbst als Weggefährten darauf achten können, dass Geben und Nehmen in einem guten Gleichgewicht bleibt. Gerade wenn wir jemanden begleiten, dessen Selbstwertgefühl auf wackeligen Füßen steht, ist es für ihn gut, sich selbst auch als den Gebenden zu erleben. In den oben genannten Beispielen aus dem Ehrenamt empfiehlt es sich immer, denen, für die man sich zur Verfügung stellt, deutlich zu machen, dass es nicht nur auf eine Bezahlung ankommt, sondern dass oft viel wertvoller das ist, was ich von denen lernen kann, die ich begleite, sei es aus ihrer Lebenserfahrung oder aus der Art, wie sie ihre Not tapfer beantworten, sei es durch ihre ganz eigene Sicht auf den Wert und die Schönheit von Dingen, die ich übersehen hätte.

Nehmen ist manchmal seliger als Geben. Vor allem, wenn jemand sich so sehr in seiner Armut und Hilflosigkeit sieht wie Tobit. Deshalb ist es für ihn eine Frage der Würde, dass er einen angemessenen Lohn bietet.

Etwas Kostbares hat allerdings Tobit darüber hinaus noch zu geben, trotz Armut und Blindheit: Er segnet Tobias und Asarja, als sie sich nun auf den Weg nach Medien machen, und er verbindet damit den festen Glauben, dass ein guter Engel sie begleitet.

Ablösung

Loslassen und aufbrechen

Hanna, die Mutter von Tobias, ist im Gegensatz zu ihrem Mann nicht im Geringsten zuversichtlich, nein, sie weint und sträubt sich mit ihrem ganzen Sein und Denken gegen diesen Aufbruch. Sie hängt so sehr an ihrem Sohn, dass sie ihn nicht loslassen möchte. Trost und Stütze und Hoffnung ist er doch für sie, und sein Leben, das auf dieser Reise unabsehbaren Gefahren ausgesetzt sein könnte, wäre mit keinem Geld der Welt aufzuwiegen. „Es kann doch alles so bleiben wie es ist," sagt sie, „mit dem, was uns Gott zum Leben gegeben hat, kommen wir auch weiter aus!"

Hier ist es für Tobias sicher besonders hilfreich, einen Gefährten neben sich zu haben, der ihn in seinem Aufbruch unterstützt, denn den Schmerz der Mutter zu sehen und sich trotzdem auf den Weg zu machen, bedrückt und belastet ihn und gibt ihm vermutlich ein unbestimmtes Gefühl von Schuld.

Viele Mütter, gerade die liebevollen, neigen dazu, die Kinder eher darin zu hindern, dass sie in erwachsener Eigenverantwortlichkeit den eigenen Weg einschlagen, der natürlich erst einmal vom Elternhaus wegführt.

In dieser überängstlichen, hilflosen Situation treffen wir nicht nur Mütter an. Ich denke an allein erziehende Väter wie den, dessen neunjähriger Sohn zum einzigen Dreh- und Angelpunkt seines Lebens geworden war. Neben dem in Lustlosigkeit und Hast absolvierten Berufsalltag gab es nur die Spiele mit dem

Sohn, den Sport mit dem Sohn, die Hausaufgaben mit dem Sohn, die abendlichen Mußestunden mit dem Sohn, die Wochenend-Unternehmungen mit dem Sohn. Wenn wir uns in den Neunjährigen versetzen, ist die Belastung durch den Vater spürbar und vor allem die Enge, in die dieses Zweiersystem geraten war.

Ein anderer Mann, der ebenfalls von seiner Frau verlassen worden war, versorgte Küche, Haus und Garten noch viel mustergültiger als das von der besten Hausfrau zu erwarten gewesen wäre, kochte und putzte, bügelte und sorgte bis zur Erschöpfung für seine drei Kinder – sie waren sechzehn, neunzehn und zweiundzwanzig Jahre alt. Er war zum überperfekten Mutter-Ersatz geworden. Manchmal weinte er, wie Hanna, weil die Familie noch weiter auseinander zu brechen drohte. Er entwickelte schwere Depressionen, als einer der Söhne für Studium und Beruf eigene Wege gehen und dazu aus dem doch so untadelig geführten Haushalt in ein eigenes kleines Reich übersiedeln wollte. Die Jugendlichen reagierten auf ihre Weise: Der Älteste wurde so aggressiv, dass kaum mehr ein normaler Kontakt zu Stande kam. Die Tochter, die immer angepasst und einfühlend war, setzte sich nach Kanada ab, weil das für ihre Berufsausbildung das einzig Wahre sei, wie sie sagte, und war so nicht mehr erreichbar. Der Jüngste blieb zwar zu Haus, kapselte sich aber immer mehr ab, bis er nur noch wie ein stummer Gast mehr ab- als anwesend war. Der Vater verstand lange nicht, was da vorging.

Wenn wir Jugendlichen in solch einer Situation beistehen sollen, können wir versuchen, erst einmal den Eltern das Bild dieser gebremsten, behinderten, gezähmten Menschen vor Augen zu führen, für die es wichtig wäre, ihre Kraft und ihren Mut, vielleicht auch ihre Abenteuerlust ausleben zu können, um dadurch Eigenverantwortlichkeit und auch Verantwortungsbewusstsein für andere zu lernen. Es kann sein, dass die Eltern dadurch erkennen, dass gerade die Freiheit, die sie ihren Kindern geben, ein weit kostbareres Geschenk ist als die beste häusliche Versorgung. Das muss nicht gerade dazu führen, dass sie wie die Adler ihre Jungen aus dem Nest stoßen, wenn sie flügge sind, obschon auch das durchaus angebracht sein kann, wenn die längst erwachsenen Kinder meinen, Hotel Mama sei die optimale Bleibe. Aber die Chance, mit Gott an ihrer Seite aufzubrechen, sollte kein Vater, keine Mutter ihren Kindern verbauen, auch wenn das Loslassen und der Abschied schwer fallen. Manchmal, wie im zweiten Beispiel, lösen sich die Kinder in ihrer Not auf ungute Weise oder grenzen sich hart ab. Auf andere wieder überträgt sich die Angst der Eltern, sodass sie selbst voller Verzagtheit nicht erwachsen werden wollen, vielleicht auch weil sie es nicht fertig bringen, Vater oder Mutter Kummer zu bereiten. In all diesen Fällen ist deutlich, wie groß der Schaden sein kann, der durch das Überbehüten angerichtet wird.

Dieser Schritt von der Rolle als sorgender Vater oder als behütende Mutter hin zu einem bewussten Freigeben der Kinder in die Selbstständigkeit kann für Eltern manchmal zu einer emotionalen Krise führen. Gut ist es dann, wenn in solch einer Zeit eine ganz klare Zäsur steht, wie in unserer Geschichte der Aufbruch von Tobias. Der Reisesegen ist hier wie ein kleines Ritual, das erfahrbar macht, dass sich jetzt die Zuständigkeit für das Beschützen und Betreuen löst, und dass sie vertrauensvoll an den jungen Erwachsenen – und an Gott – weitergegeben wird.

In einer Zeit, in der wir als Weggefährten einem solchen Vater, einer solchen Mutter zugesellt sind, hilft es manchmal, sie zu fragen, welches Vorbild sie gern ihren Kindern vermitteln wollen, nach dem diese eines Tages ihr Leben gestalten können. Wem sollten sie nacheifern: einem überanstrengten Vater, der Pflichterfüllung bis zum Umfallen betreibt, oder einem Menschen, der vergnügt und mit sich eins ein reiches, buntes Leben führt? Einer abgespannten, überforderten Mutter, die bei ihren Kindern Lebendigkeit und Abenteuerlust durch ihre Ängste hemmt und unterdrückt, oder einer Frau, deren Tage erfüllt und reich sind, voller Lebenslust und Kreativität? Wenn sie sich ihrer Vorbildfunktion bewusst werden und sich selbst aus diesem Blickwinkel zu sehen beginnen, werden die Eltern möglicherweise auch einen Weg finden, um loslassen zu können da, wo sie sich aus Ängstlichkeit an ihren Kindern festhalten. Vor allem werden sie wieder Möglichkeiten entdecken, ihr eigenes Leben so zu gestalten, dass sie nicht mehr als einzige Säule ihres Wertgefühls, als einzigen Sinn ihres Lebens, die Kinder sehen.

Wenn wir ein Stück Weges mit einem Sohn oder einer Tochter gehen, die Schwierigkeiten haben, sich von ihrem Elternhaus tatsächlich oder auch „nur" gedanklich zu lösen, gibt es natürlich sehr verschiedene „Fußangeln", die es ihnen schwer machen, frei zu kommen. Nicht immer muss es ein solch überwältigendes Vorbild sein wie Tobit. Auch ein Vater, der von seiner Tochter oder seinem Sohn als viel zu schwach, viel zu nachgiebig empfunden wird, kann die Gedanken ständig kreisen lassen um die Frage: Ich hätte doch einen viel besseren Start ins Leben haben können, warum nur konnte ich nicht einen starken Vater haben? Oder auch: Warum nur habe ich solch eine kühle, harte Mutter gehabt und nicht eine warmherzige, liebevolle? Fragen, die lediglich die Sehnsucht nähren, es hätte anders gewesen sein sollen. Und diese Sehnsucht kann schlimmstenfalls noch, wie ich es bei einem Freund erlebt habe, bis ins Alter von Mitte sechzig ein ständiger Stachel im Fleisch bleiben, der ein wirkliches Erwachsenwerden hindert. Da steht immer im Hintergrund das enttäuschte Kind, das meint, nur wenn es das bekommen hätte, was es sich wünschte, wäre es fähig, selbstbewusst und selbstständig weiterzugehen. Aber es ist wie es ist. Kein Vater ist verpflichtet, unser Wunschbild zu erfüllen, keine Mutter muss so sein, wie wir uns das Ideal vorstellen – ganz abgesehen davon, dass wir dieses Ideal vermutlich mit zwölf Jahren ganz anders definieren würden als mit dreißig, und mit fünfzig wiederum anders als aus der Warte einer Achtzigjährigen. Die Vorstellung, unsere Mutter oder unser Vater sollte diesen jeweiligen Bildern nachträglich, also rückwirkend in der Vergangenheit, nachkommen, ist absurd. Nicht sie müssen sich ändern, nicht sie müssten anders gewesen sein, sondern unsere Sicht, unsere Bereitschaft, selbst für uns Verantwortung zu übernehmen, sollte reifen – und kann reifen, in dem Augenblick, in dem wir von solch widersinnigen Wünschen ablassen. Manchmal ist das nicht gar so schwer, wenn wir als Freunde gemeinsam eines Tages die Unsinnigkeit oder gar die Komik entdecken, die hinter solch einem absurden Anspruch an das Schicksal steckt. Und lachend lässt sich's besonders gut loslassen.

Wiederum: Ich will Hanna in unserer Geschichte nicht unterstellen, sie habe ihrem Sohn Tobias gegenüber solch eine Beziehung gelebt, aber mir fällt in diesem Zusammenhang unweigerlich ein anderer Angelhaken ein, der Kinder – und gerade auch erwachsene Kinder – nicht von den Eltern loskommen lässt. Es ist das ständige unterschwellige Schuldgefühl, das ausgelöst wird durch Sätze wie: „Du kommst so selten", oder „Niemand ist für mich da", oder „Ich fühl' mich so allein", oder „du bist der Einzige, auf den ich mich verlassen kann", oder auch „Auf mich brauchst du keine Rücksicht zu nehmen, ich weiß doch, du hast ja sowieso nie Zeit für mich!" und was da noch für Bemerkungen kommen, die eine nie einzuholende Verpflichtung, ein Gefühl, nie genug getan zu haben, unter die Haut pflanzen. Die Folge sind diese verquälten, schuldbewussten Besuche, und nie und nimmer das gute, fröhliche Miteinander, das sich beide, die Kinder wie die Eltern, eigentlich ersehnen. Schon vor dem Besuch steht dieses „Nie genug" drohend im Vordergrund und beim Abschied das „Eigentlich müsste ich ja dableiben, aber…"

Es ist den Versuch wert, mit einem Freund, der in solch einer Klemme steckt, in aller Ruhe und ganz exakt herauszufinden, was er durchaus mühelos und gern und aus eigenem Antrieb für die Mutter tun mag. Das ist meist gar nicht wenig. Aber dem gegenüber steht eben dieser Druck, das könnte niemals den eigentlichen Ansprüchen genügen, der Sog, auf den er immer nur – mehr oder weniger verzweifelt – reagiert, und dieses Gefühl der Unfreiwilligkeit. Stattdessen kann es sinnvoll sein, die Richtung umzudrehen und selbst in vorauseilender Bereitwilligkeit zu bestimmen und anzukündigen, wann er gern zu Besuch kommen würde, und wie lange, und welche gemeinsamen Unternehmungen ihm dazu einfallen, vielleicht ein Stadtbummel, ein Konzert, ein kleiner Ausflug, was er gern mitbringen möchte, oder auch wen, also vielleicht einmal ein Enkelkind oder einen Freund, der spannend von einer Reise erzählen kann. Wenn erst einmal die Phantasie angeregt ist zu eigener Aktivität, wenn nicht mehr die nie endenden, nie deutlich formulierten oder nie ausgesprochenen Anforderungen der Mutter sein Tun bestimmen, sondern seine eigenen kreativen Ideen, kann die Beziehung eine ganz neue, freie, leichte Atmosphäre bekommen und der Bann des heimlichen Zugriffs könnte sich lösen.

Es gibt noch einen solchen Angelhaken, der die erwachsenen Kinder nicht frei kommen lässt, einen, der oft wirksam bleiben kann weit über den Tod der Eltern hinaus. Es sind die immer währenden Kommentare oder Botschaften aus der Kindheit: „Du kriegst sowieso nie was auf die Reihe", oder „du bist eben ein Versager, genau wie dein Vater", oder Onkel oder wer auch immer; und dann kommt der ätzende Kommentar zu einer Charakterschwäche oder Unfähigkeit, die eben erblich bedingt und daher nie auszurotten ist. Oder eine Mutter sagt: „Ich habe dieses schreckliche Nierenleiden, ich werde früh daran sterben, ich weiß das. Und du hast es geerbt, du wirst schon sehen. Du musst aufpassen, du darfst dies nicht und jenes nicht, und überhaupt, so wie die anderen wirst du nie leben können." Oder: „du glaubst doch nicht, dass du was zu sagen hast! Pluster dich bloß nicht so auf!" Oder: „Pass doch auf. Immer bist du so ungeschickt!"

Solche hinderlichen Botschaften haben die unangenehme Tendenz, „lebenslänglich" zu werden. Mit ihnen geht dann meist ein sehr einseitiges Mutter- oder Vaterbild einher, das sich nur auf diese negative Seite beschränkt. Das macht die Beziehung absurderweise noch enger, denn wenn wir uns ständig gegen etwas wehren, uns von etwas abzusetzen versuchen, beschäftigt es uns natürlich besonders intensiv.

Schön ist es, wenn wir als Freundin oder Weggefährte helfen können, solch ein Bild aus der Engführung herauszurücken. Dazu ist es sinnvoll, noch einmal hinzuschauen, und zwar einerseits weiträumig und andererseits genauer, indem wir alle Haupteigenschaften der Mutter – wenn es um diese geht – auflisten, die negativen – die ja ohnehin deutlich genug vor Augen sind –, aber auch die positiven und vielleicht noch die eher neutralen. Auf der Negativ-Seite werden vielleicht Eigenschaften erscheinen wie Ängstlichkeit, Verbitterung, Unbeugsamkeit, Rechthaberei, Kontaktarmut oder Geiz. Diese Eigenschaften können wunderbar dazu dienen, sich zu sagen: Es ist schade, dass sie ihr Leben so gelebt hat. Ändern kann ich das nicht, aber es dient mir immerhin als warnendes Beispiel, nicht selbst in diese Ecken zu geraten.

Danach ist es an der Zeit, die andere Seite genauso aufmerksam zu betrachten, wobei nach einigem Nachdenken sicher mehr Gutes zu Tage treten wird als zunächst vermutet. Stärke vielleicht und Durchhaltevermögen, Gerechtigkeit und Tatkraft und Verlässlichkeit oder auch längst Vergessenes wie Liebe zur Natur oder zur Musik.

Nicht nur bei einer materiellen Erbschaft können wir entscheiden, ob wir sie annehmen wollen. Wir sind nicht dazu verpflichtet. Und hier gibt es nicht nur das Alles oder Nichts. Wir können auswählen.

Eine junge Frau, die sich auf solche Weise noch einmal die Persönlichkeit ihrer verstorbenen Mutter vor Augen geholt hatte, sammelte danach einen Korb voller Steine. Auf jeden dieser Steine schrieb sie eine der Eigenschaften, die hellen und die dunklen – und hell und dunkel waren auch die Steine. Dann ging sie hinaus in die Natur und verteilte die Steine so, wie es für sie stimmig war: Einen versenkte sie im Teich, einen warf sie mit aller Kraft weit hinaus ins Feld, einer landete auf der Müllhalde, einen vergrub sie sorgfältig unter einem Baum. Einige aber nahm sie mit nach Haus, denn sie sah, dass die Mutter ihr auch Kostbares mitgegeben hatte, Werte, die sie schätzte, und die sie gern in ihr Leben einbeziehen wollte.

Als all das so geklärt und zugeordnet war, hatte sie auch die richtige Distanz zu ihrer Mutter gewonnen. Wo sie vorher von einer Mischung aus Angst, Zorn, Schuldgefühlen, Abwehr und Hilflosigkeit beherrscht war, kehrte jetzt Frieden ein und, wie sie sagte, ein Gefühl von Verstehen und von Freiheit.

Ich war bei dieser Aktion dabei. Meine Funktion beschränkte sich darauf, eben nur anwesend zu sein, als Zeugin gewissermaßen. Dafür allerdings war ich offenbar doch wichtig. Ich glaube, auch dies ist zuweilen eine hilfreiche Aufgabe für Weggefährten.

Ähnlich kann man übrigens mit diesen Negativ-Botschaften umgehen: Wir können sie noch einmal wörtlich ins Gedächtnis rufen, zum Beispiel „du bist nicht viel wert", oder „du bist eben ein Versager", sie aufschreiben, und dann nachspüren, wie eine heilsame Gegenbotschaft lauten könnte. Dazu sollten wir uns gut Zeit lassen, bis sicher ist: Das möchte ich stattdessen hören, zum Beispiel „Mein Leben gehört mir", oder „Ich bin wichtig, weil ich Ich bin", oder „Ich bin frei, zu tun, was ich möchte". Was immer es ist, es ist wert, aufgeschrieben zu werden. Es kann dann sogar, hübsch gestaltet und gerahmt, für eine Zeit seinen Platz auf dem Schreibtisch haben. Und die Negativ-Botschaft gehört schlicht und einfach vernichtet, mit Lust zerrissen oder ins Klo gespült oder verbrannt oder zerstampft. Wie auch immer.

Wenn solche Gebote, Verbote, Botschaften erst einmal aus dem Raum sind, dann ist der Weg frei, um Mutter oder Vater in all den Eigenschaften zu sehen, die sie außerdem ausmachen. Keiner besteht ja nur aus dieser einen Aussage, einer Aussage, die meist nicht einmal mehr aktuell ist, wenn wir ehrlich sind, sondern in eine vergangene Zeit gehört. Wo bis jetzt ein nachtragendes verletztes Kind sich ein Bild vom bösen, verletzenden Erwachsenen vor die eigentliche Realität gehängt hatte, kann nun eine freie, erwachsene Beziehung entstehen.

Loslassen oder Loslösung, ein spannendes Thema, dem wir auf unseren Wegen immer wieder begegnen.

Hanna hat hier in ihrem Mann einen hilfsbereiten Beistand, der ihr das Loslassen leichter machen möchte. Tobit tröstet sie und versucht, ihr sein Vertrauen zu vermitteln, so wie er es jetzt spürt.

„Weine nicht, mach dir keine Sorgen, Schwester," sagt er, „Tobias wird frisch und gesund zurückkommen und du wirst ihn wieder sehen. Denn ein guter Engel begleitet ihn, und seine Reise wird ein gutes Ende nehmen!" – und dann wiederholt er:

„Er wird sicherlich gesund heimkehren." Da hört Hanna auf zu weinen. Da erst. Manchmal müssen wir ja, wenn jemand so sehr im Kummer verfangen ist, etwas zweimal, ja noch öfter sagen, bis das, was wir meinen, zu ihm durchdringt.

Für Hanna ist dieser Abschied nicht leicht. Auf vielfache Weise hängt sie an Tobias. Da ist einmal ihre verständliche Angst: „Was wird aus mir, wenn er nicht zurückkommt? Ich werde älter, und ich habe doch die ganze Verantwortung für meinen Mann, der in seiner Hilflosigkeit auf mich angewiesen ist!" Und dann: „Immer habe ich bis jetzt für meinen Sohn gesorgt. Er ist gewohnt, dass alles im Haus für ihn bereitgestellt ist, dass er sich um nichts kümmern muss. Wer wird das jetzt übernehmen? Dieser Reisegefährte ist doch auch bloß ein junger Mann. Die Mutter wird ihm fehlen, meinem Tobias. Wer weiß, welchen Gefahren die beiden ausgesetzt sein werden, die Zeiten sind so unsicher!"

Im Moment hört sie zwar auf zu weinen und zu klagen, sicher auch ihrem Mann zuliebe, denn für seine Zuwendung ist sie ihm dankbar. Darunter aber bleibt ihre tiefe Sorge, die rasch genug wieder aufflammt, wie wir später sehen werden.

Hilft es tatsächlich nicht viel, wenn wir versuchen, so wie Tobit, unser eigenes Gottvertrauen oder unsere Zuversicht weiterzugeben?

Wenn wir den Weg mit jemandem teilen, der verunsichert und voller Angst ist wie Hanna, ist es sicher gut, wenn wir für uns beide dieses Gefühl der Geborgenheit und des Zutrauens nicht verlieren, selbst und gerade in besonders schwierigen Situationen. Beispielhaft ist hierin für mich immer wieder Dietrich Bonhoeffer. Die Verse, die er vor seiner Ermordung durch die Gestapo 1945 schrieb, machen bis zum heutigen Tag sein unwandelbares Zutrauen in Gottes Nähe für uns spürbar, ein Zutrauen, das durch ihn wahrhaft glaubwürdig in des Wortes buchstäblicher Bedeutung bleibt: „Von guten Mächten wunderbar geborgen erwarten wir getrost, was kommen mag. Gott ist bei uns am Abend und am Morgen, und ganz gewiss an jedem neuen Tag."

Bevor wir mit unserem Weggefährten unsere eigene Zuversicht teilen, ob sie nun stark oder gar unerschütterlich ist oder auch auf weniger stabilem Boden steht, ist es hilfreich, wenn wir erst einmal versuchen, uns in seine Lage, seine Gedanken hineinzuversetzen, mit seinen Augen die Situation zu sehen. Dazu kann es vielleicht dienlich sein, wenn wir tatsächlich zu unserem Gesprächspartner gehen und uns neben ihn stellen. Rafael ist hier wieder ein ganz selbstverständliches Vorbild: Er bleibt auf seinem Weg mit Tobias nicht vor ihm stehen und sagt: „So sehe ich das eben, und du solltest es genauso sehen", sondern nach diesem nicht ganz einfachen Aufbruch wandert er mit ihm, bleibt neben ihm, und je mehr in Tobias die Zuversicht wächst, desto leichter ist es, über Gottvertrauen und Geborgenheit zu sprechen.

Aber wir sind ja noch nicht bei Tobias, sondern bei der sorgenvollen Hanna. Für sie wäre es sicher wohltuend gewesen, wenn ihr Mann sich erst einmal zu ihr gesetzt hätte, um ihr zuzuhören: „Ich glaube, ich verstehe, was dir Sorgen macht. Fürchtest du dich, wenn du an unsere Zukunft denkst? Hast du Angst, Tobias könnte auf der Reise etwas zustoßen?" Es wäre schön gewesen, wenn Tobit die Geduld aufgebracht hätte, sie noch einmal anzuhören mit all ihren Ängsten. Vieles wird leichter, wenn wir es aussprechen dürfen. Hier sind es ja auch durchaus realistische Befürchtungen, mit denen Hanna sich plagt. Und dann erst, wenn sie ihr Herz ganz ausgeschüttet hätte, wäre sie bereit, ihren Mann zu hören und zu verstehen, wenn er sie bittet: „Gerade weil ich all diese Bedrohung durchaus auch sehe, bleibt wohl nur das Eine zu tun: Tobias und uns beide mitsamt unserer ganzen Besorgnis vertrauensvoll in Gottes Hand zu geben. Vielleicht können wir das jetzt gemeinsam tun?"

Glauben bedeutet auch, bereit sein aufzubrechen, das Alte, Gewohnte, Bewährte zu verlassen, Neues zu wagen, andere Perspektiven in den Blick zu nehmen, ohne Rückversicherung, nur im Vertrauen auf Gott. So macht sich nun der junge Tobias mit Rafael auf den Weg.

Gefährtenschaft

Miteinander auf dem Weg sein

Vor dem Aufbruch bereitet Tobias noch alles vor, was zur Reise notwendig ist, und er versieht sich mit allem, was er mitnehmen will. Ich kann mir vorstellen, dass Asarja/Rafael, der Reisegewohnte, ihm viele gute Anregungen geben konnte: Das und jenes werden wir brauchen, dies und das kannst du hier lassen. Aber vielleicht hat er ihm auch eine ähnliche Frage gestellt wie kurz zuvor Tobit: „Was brauchst du, was ist dir wirklich wichtig?"

Manchmal ist es wohltuend, sich auf das Notwendige beschränken zu müssen, viel Überflüssiges nicht mehr um sich zu haben. Ein Geschäftsmann, der jedes Jahr ein paar Tage im Kloster verbringt, um wieder zu sich zu kommen, meinte, gerade dies sei immer das Wichtigste für ihn, diese Beschränkung auf das Einfache, die Gedankenklarheit, die allein schon dadurch entsteht, dass nichts ihn ablenkt, kein Telefon, kein Radio oder Fernsehen, kein Computer und kein Internet, keine Zeitung und auch keine Bücher.

Vielleicht könnten wir uns als Gefährten auf der Reise – oder auch als Gefährten auf der Lebensreise – hin und wieder gegenseitig fragen: Was brauchen wir eigentlich wirklich? Wie viel Ballast an Vorurteilen, an vermeintlichem Vorverständnis könnten wir besser hintan lassen, um leichter, beweglicher, freier durchs Leben zu gehen? Ist es nicht erfrischend, in regelmäßigen Abständen Inventur zu machen, um sich von Überflüssigem zu trennen und sich rückzubesinnen auf das Notwendige, auf das, was uns Leitbild oder Richtschnur ist?

Als in längst vergangenen Zeiten die Ritter von ihren Burgen auszogen, trugen sie ihren Schild mit sich, zum Schutz in Kampf und Gefahren. Das Wappen darauf diente als sichtbares Zeichen für ihre Zugehörigkeit zu einer Familie, einem Herzogtum oder Land. Ein Symbol auf der Vorderfläche – oft war es ein Kreuz – zeigte aber auch, welcher Wert in ihrem Leben der wichtigste war.

Wenn wir einen Freund verabschieden und wissen, er begibt sich auf eine schwierige Wegstrecke, kann es ein schönes Geschenk sein, wenn wir ihn fragen, ob wir ihm ein Ritterschild im Taschenformat mitgeben dürfen – und was wir als Symbol oder Inschrift oder Wappentier darauf malen sollen, etwas, dessen er sich in schwierigen Zeiten immer wieder vergewissern möchte. Ein junger Mann hat sich bei dieser Gelegenheit gleich vier Wappentiere gewählt, deren jedes eine ganz wichtige Eigenschaft für ihn personifizierte. Ein Esel stand für die Eigenwilligkeit, ein Elefant für Langmut, eine Eule für Klugheit und eine Ente fürs Wohlfühlen. Eine junge Frau entschied sich für eine Sonnenblume mit einem Marienkäferchen, aber auch mit Blattläusen, weil es doch wichtig sei, das natürliche Werden und Vergehen nicht aus den Gedanken zu verbannen, und die Tatsache, dass wir alle aufeinander angewiesen sind. Wieder eine andere wählte drei Worte, die ihr als Kompass oder Richtschnur dienen sollten: Liebe, Gnade, Wahrheit.

Wenn jemand sich auf eine neue Wegstrecke einlassen muss, kann er auf diese Weise symbolisch etwas mitnehmen, das ihm Halt in seinen eigenen Werten gibt, das er aber auch am Ende der Reise noch einmal auf seine Gültigkeit hin überprüfen könnte. Ist ihm inzwischen anderes wichtiger geworden? Was sagt das aus über die Entwicklung, die er in dieser Zeit durchgemacht hat?

Als Tobias sich mit allem versehen hat, was er mitnehmen will, geht er zu seinem Vater und seiner Mutter und umarmt sie. In einer anderen Übersetzung heißt es: „Er segnete sie." Vielleicht ist das ja oft tatsächlich etwas Ähnliches, das Umarmen und das Segnen.

Wenn wir heute jemanden zum Abschied segnen würden, mit Handauflegen und einem Gebet, würde ihn das vermutlich nur irritieren, obschon solch eine Geste durchaus, wo sie angebracht ist, einen schweren Abschied leichter und tröstlicher machen könnte. In unserer Zeit und in unserer Kultur ist das nicht üblich, und selbst Umarmungen sind in manchen Familien nicht selbstverständlich.

Der Moment des Aufbruchs ist durch diesen Segen, durch diese Umarmungen für Tobias und seine Eltern wohltuend und gut, sie spüren noch einmal die Nähe des anderen und vielleicht auch die unausgesprochenen Gedanken, Hoffnungen und Wünsche. Wenn wir nach einer Form suchen, die für uns selbst stimmig ist und für diejenigen, von denen wir Abschied nehmen, ist das vielleicht gar nicht so schwierig. Ich sage manchmal: „Bleib behütet!" Das ist erfahrungsgemäß keine Formulierung, die den anderen irritiert, er kann es so verstehen, wie ich es im tiefsten Herzen meine, er kann es aber auch lediglich als eine der vielen alltäglichen Floskeln nehmen, die man nicht recht wahrzunehmen braucht. Einen Aufbruch bewusst zu gestalten, ist aber allemal sinnvoll, auch um noch einmal das vor Augen zu haben, was wir mitnehmen wollen und das, was wir da lassen – und dazu gehören sicher auch die guten Gedanken für die Zurückbleibenden.

Zu all dem, was Tobias aus seiner vertrauten Umgebung mitnimmt auf seine Reise, kommt noch etwas Besonderes dazu. Da heißt es: „Sie machten sich auf den Weg, und der Hund des Jünglings begleitete sie." Ein Hund als Hausgenosse oder gar als Begleiter? Etwas Besonderes? Für uns in unserer Zeit wäre das nicht gar so überraschend. Aber in der Zeit und in der Kultur, aus der diese Geschichte stammt, ist es ungewöhnlich, und in der ganzen Bibel finden wir kein zweites Mal einen Hund als Begleiter des Menschen.

Wenn wir ein Tier um uns haben, wird die eine oder andere seiner Eigenschaften durchs bloße Beobachten auch für uns selbst überzeugend: Die Fähigkeit zur totalen Entspannung einer Katze zum Beispiel, oder die Kunst, immer auf die Füße zu fallen. Ich denke noch einmal an die vier Wappentiere. Warum sollte eigentlich nicht auch eine Katze dabei sein? Oder ein Hund? Ein Hund kann uns durchaus als Leitbild dienen mit seinem Spürsinn, seiner Wachsamkeit mit allen Sinnen, mit der Nase fürs Atmosphärische, auch für das Bedrohliche, und der Sensibilität dafür, in welcher Stimmung und in welcher psychischen oder physischen Verfassung der Mensch ist, dem er sich zugesellt hat. Ein Hund hat dafür ein feines Gespür. Und er führt uns vor Augen, was uns manchmal verloren zu gehen droht: dieses Gefühl für Ganzheit, für Vertrauen in den eigenen Instinkt, seine Bereitschaft, nicht nachtragend zu sein, seine Intuition und auch seine Kraft und die selbstverständliche Energie und Abenteuerlust, mit der er die Umgebung erkundet, wenn er vornweg läuft und hinterher, oder in weiten Kreisen durch die Gegend jagt.

Ob sein Hund für Tobias nicht nur Gefährte war, sondern ein wenig auch Lehrer? Warum nicht! Eigentlich kann auf ähnliche Weise alles uns dienen, wenn wir uns darauf einlassen, jede Landschaft, jeder Ausblick, jede Wolkenstimmung, jeder Baum am Weg. Ja, jeder Baum. Ich erinnere mich an eine Reihe von Apfelbäumen an der Landstraße. Absichtslos, ohne nachzudenken habe ich sie betrachtet, aber immer mehr zog ein Baum meine Aufmerksamkeit, mein Interesse, meine Neugier an. Die anderen Bäume waren hübsch, nett und gerade, wie Barbie-Puppen. Nur dieser eine war schief gewachsen, einer der Äste abgestorben, die Rinde an einer Stelle vernarbt. Was für ein Schicksal hatte er gehabt? War er einer Wasserader ausgewichen, als er begann, schief zu wachsen? Hat er schweren Gewittern standgehalten? Ich schaute die anderen Bäume an, aber wieder zog es meinen Blick zu ihm zurück, und plötzlich hatte ich eine Frau vor Augen, die mich wenige Tage vorher verzweifelt gefragt hatte, warum sie nicht so nett und angepasst und so hübsch sein könne wie ihre beiden Schwestern. Sie war nur von einem Wunsch beherrscht, so zu sein wie sie. Schade. Denn gerade ihre Ecken und Kanten, das aparte, unverwechselbare Gesicht, machten ihren ganz eigenen Charme aus. Wenn sie tatsächlich so würde wie die anderen, wie wenig sie selbst, wie austauschbar wäre sie dann!

Dieser Apfelbaum ist mir in gewisser Weise bis heute ein Begleiter geblieben als Bild für den Reiz, den Zauber und die Würde, die uns unsere Einmaligkeit, die Exklusivität des ganz eigenen Schicksals verleiht.

Bäume als Lehrer. Und ein Weg durch die Landschaft als Bild für unseren Lebensweg.

Wenn ich an die beiden denke, an Tobias und Rafael, dann habe ich sie meist vor Augen, wie sie nebeneinander unterwegs sind, manchmal miteinander sprechen, manchmal schweigen. Zur rechten Zeit nichts sagen, nicht gleich alles erklären wollen, sich nicht einmischen, sondern dem anderen Raum für seine eigenen Gedanken, seine eigenen Folgerungen, seine eigene Entwicklung lassen, ihm die Führung überlassen für sich selbst, auch wenn wir manchmal meinen, es besser zu wissen, das ist wirklich wohlwollende, fördernde Begleitung. Raum geben, statt ihn selbst ausfüllen zu wollen mit unserer Weisheit, die ja doch nur aus unserem eigenen System stammt und dafür recht sein mag, für einen anderen aber nicht weise, sondern eben nur „teil-weise" wäre. Es gibt Zeiten, in denen wir miteinander gehen ohne bedeutungsschwere Gespräche, einfach so, selbstverständlich das Schweigen genießen oder das Gehen und das Beisammensein, die Schönheit der Welt, den Duft und das Licht. Vielleicht teilten Rafael und Tobias ihre Beobachtungen miteinander, wenn ein Weg im Tal glauben machte, er verliere sich, als ginge es am Ende nicht mehr weiter, als führte er ins Ungewisse, ähnlich, wie es sich manchmal an Tiefpunkten unseres Lebens anfühlt. Vielleicht haben sie sich darüber ausgetauscht, wie schwer es in solchen Zeiten sein kann, trotzdem weiterzugehen, mit dem Rest an Vertrauen in das, was kommen wird, und wie gut es ist, dann einen Freund an der Seite zu haben. Wenn sie auf einer Anhöhe Halt gemacht und um sich geschaut haben, wird möglicherweise Tobias solch einen Moment genutzt haben, um über sein Leben, seine Pläne und Ziele nachzudenken und seine Gedanken mit dem Gefährten zu teilen.

Allein schon wenn wir aufgebrochen sind, in den Urlaub oder auf Reisen, schafft dies eine klärende Distanz zu unserer Lebens-Situation, sodass wir besser hinschauen und verstehen können. Für eine solche Bestandaufnahme können wir unsere Lebenslandschaft wie aus der Vogelperspektive betrachten, sie vielleicht auch einmal zeichnen, auf ein großes Blatt Papier, ohne den Anspruch auf künstlerische Qualität. Dabei kann all das seinen Platz finden, was zu unserem Alltag gehört, sodass wir auf fast spielerische Weise klarer sehen, einschätzen, beurteilen und neu ordnen können. Wo in meiner Landschaft bin ich mit dem Herzen dabei? Wo habe ich das Gefühl, ja, hier bin ich am rechten Platz, wo spüre ich, wofür ich auf der Welt bin? Und wo sind Bereiche, in denen ich nicht mit warmem Herzen, nicht mit meinen Gaben, meiner Phantasie und Kreativität gefragt bin, also eigentlich nur physisch präsent? Wo spiele ich immer eine Rolle, die mir im Grunde fremd ist? Welche Bereiche sind für mich lebensfeindlich, kränkend oder schädlich? Welche sind förderlich für meine Lebendigkeit, mein Wachstum, meine Entwicklung, meine Beziehungen, meine Kompetenz, meine Gesundheit, meine Seele?

Vieles kann sich so im Gespräch mit einem Gefährten klären. Wenn wir in einer Situation der Entscheidungen sind, verwirrt über die vielen Möglichkeiten, die verschiedenen Wege, die sich bieten und zwischen denen wir unsere Wahl treffen müssen, können wir miteinander Ordnung in das Unübersichtliche bringen, indem wir fragen: Wie viele mögliche Wege sind es denn nun genau? Und uns dann einen nach dem anderen in der Phantasie vorstellen: Wenn dies der Weg sein soll, wie sähe dann mein Leben in zwei Jahren aus? Wie wäre dann mein Alltag und die Beziehung zu meiner Familie oder meinem Partner? Wie würde ich meine Freizeit verbringen, was gäbe es an Möglichkeiten zu meiner Weiterentwicklung? Mancher der Wege wird gleich beim ersten Hinschauen schon als Sackgasse erkennbar, ein anderer bedarf vielleicht noch gründlicher Recherche, um ihn beurteilen zu können. Jedenfalls kann es Spaß machen, auf diese Weise miteinander im Gespräch ein Szenario nach dem anderen bunt und plastisch vor Augen zu holen. Die Orientierung und damit die Entscheidung wird danach vermutlich leicht – oder zumindest leichter fallen.

Diese gemeinsame Phantasiereise hat noch einen weiteren Vorteil: Ziele tragen voran. Wenn wir eine klare Vision von dem haben, was uns in zwei Jahren ausfüllen und begeistern wird, wirkt sie wie ein energiespendender Magnet.

Die Amerikaner fragen: „What makes you run?", also: Was ist es, das dich in Bewegung setzt, was gibt dir Energie, was ist dein Motor, deine Motivation? Eine Vorstellung von dem Ort unserer Bestimmung, dem wir entgegengehen, lässt uns auch Durststrecken leichter nehmen. Ich sehe jedenfalls die beiden, Tobias und Rafael, nicht, wie sie verdrossen mit auf den Boden gerichtetem Blick vor sich hintrotten, sondern vielmehr aufrecht und mühelos voranschreiten, die Augen auf das nächste Ziel gerichtet.

Die Haltung dessen, mit dem wir ein Stück Lebensweg teilen, ist immer in der Wegbegleitung unserer Aufmerksamkeit wert. Sie entspricht mit Wahrscheinlichkeit seinem Innengefühl, seiner psychischen Situation. Sie ist, so betrachtet, auf jeden Fall „richtig", kein Anlass also, sie zunächst als korrekturbedürftig zu sehen. Wir erfahren aus der Körperhaltung eines anderen viel über ihn, und wir haben die Chance, mehr über uns selbst zu erfahren, wenn wir jemanden neben uns haben, der uns auch einmal in liebevoller Weise sagt, was er sieht. „Du stehst genauso da wie Charly Brown von den Peanuts, wenn er mit sich und der Welt zerfallen ist." Ich würde mich vermutlich schon ein wenig erleichtert fühlen, so gesehen und verstanden, ohne dass ich lange Erklärungen über mein Befinden abgeben muss. „Stimmt, so fühle ich mich wirklich. Weißt du…" und dann würde ich von meinem Kummer erzählen.

So oft ist die Haltung ein Abbild dessen, was in einem Menschen vorgeht. Da steht jemand mit eingesunkener Brust und tief hängenden Schultern, als trüge er eine Last, und tatsächlich, er hat es gerade schwer im Leben, hat schwer an etwas zu tragen. Oder ein anderer beteiligt sich selten genug am Gespräch und bedeckt jedes Mal, wenn er dann doch etwas sagt, beim Sprechen den Mund mit der Hand, als müsste er seine Worte förmlich zurückhalten. Tatsächlich ist da sonst immer jemand um ihn, der ihm ständig den Mund verbietet oder ihm einredet, was er sagt, sei doch nicht von Belang. Wir alle kennen sicher viele Beispiele dafür, wie eine innere Situation die Haltung eines Menschen formen oder beeinflussen kann.

Aber es gibt auch das Umgekehrte: die Haltung beeinflusst die Stimmung. Wir müssen nur einmal ausprobieren, wie sich das anfühlt: aus einer völlig neutralen Situation heraus gehen wir in die typische Haltung des Deprimierten, den Blick auf dem Boden, die Schultern hängen, – und schon fühlen wir uns irgendwie bedrückt. Wenn wir uns dann aufrichten, einen tiefen Atemzug nehmen, um uns schauen, die Schultern nach hinten rollen, als würden wir einen schweren Rucksack abwerfen, und vielleicht auch noch ein Lächeln auf unser Gesicht zaubern, auch wenn uns gerade nichts zum Lächeln einfällt, dann werden wir mit großer Wahrscheinlichkeit spüren, wie uns leichter und froher zu Mute wird. Und warum sollten wir dafür nicht manchmal sorgen, – einfach so?

Gerade wenn wir liebevoll und einfühlsam einen Menschen begleiten, der es schwer hat, sollten wir ab und zu nachspüren, ob wir nicht vor lauter Einfühlsamkeit in die bedrückte Körperhaltung des anderen geraten sind. Das wäre für keinen von uns beiden dienlich. Es heißt also, dass wir – auch und gerade physisch – zu uns selbst kommen sollten. Außerdem können wir in Zeiten von Verunsicherung, Schwäche und Verletzlichkeit ruhig erst einmal im wahrsten Sinn dafür sorgen, dass wir sicheren Boden unter den Füßen haben. Mein bestes Rezept gegen Lampenfieber war immer eine lockere, gerade Haltung, und dann ein, zwei Sekunden Zeit, um tief auszuatmen, die Schultern leicht nach unten zu ziehen und meinen Schwerpunkt so tief zu verlagern wie möglich: Wenn ich sitze, in die Stuhlfläche, wenn ich stehe, in den Boden. In dieser Haltung ist es sehr schwer, sich aufzuregen.

Wenn ich in meiner Phantasie versuche, diesen Asarja als

Weggefährten zu sehen, denke ich immer daran, dass er ja für diese Reise als Engel mit Tobias unterwegs ist, von Rafael inspiriert und geführt vielleicht, aber dabei ganz menschlich, glaubwürdig und real. Je länger ich mich in die Möglichkeiten einer guten, einer mit-menschlichen Weggefährtschaft hineindenke, und je länger ich in dieser Geschichte dafür meine Vorbilder suche und finde, desto normaler und selbstverständlicher erscheint mir diese Vorstellung vom „engel-inspirierten Begleiten".

Freilich, als menschliche Weggefährten müssen wir auch unsere menschlichen Grenzen beachten und achten. Dazu gehört, dass wir nicht in die Falle des Helfersyndroms geraten dürfen, auch wenn es sich noch so schön anfühlt, gebraucht zu werden. Besser ist es, da zu sein, wo wir hingeführt werden, aber nicht helfen zu wollen um jeden Preis, und den Situationen geradezu nachzulaufen, in denen wir uns nützlich machen wollen. Wenn wir uns dabei erwischen, sollten wir uns klar sein, dass wir hier vermutlich eigene unbearbeitete Probleme zu überdecken versuchen, indem wir die Probleme anderer darüber häufen.

Eine andere Falle ist die, dass wir nicht rechtzeitig merken, wo wir zu viel Energie verlieren, wo wir, wie es eine Krankenschwester sehr drastisch schilderte, „angezapft und ausgesaugt" werden. Das klingt ein wenig unfreundlich, schildert aber recht genau das, was geschehen kann, wenn ein Mensch, den wir begleiten, sich zu sehr auf uns bezieht, uns als Dreh- und Angelpunkt seines Lebens sieht, als Feuerwehr, Helfer in allen Nöten und vor allem als den für ihn Verantwortlichen. Das ist für ihn selbst nicht gut, denn je mehr wir auf diesen Sog mit großer Fürsorglichkeit, ständiger Aufmerksamkeit und unablässigen Hilfeleistungen eingehen, desto hilfloser machen wir ihn. Er wird in seiner Schwäche bestätigt, wo eigentlich seine Eigenkräfte gefördert werden sollten und die Energie, die ihn trägt, so bald er wieder ein Gefühl der Verantwortung für sich selbst entwickelt. Aus solch einer unguten Situation, die aus missverstandener Hilfsbereitschaft und oft auch aus Liebe entstanden ist, sollten wir uns – zu unser beider Wohl – befreien, indem wir bewusst dem Anderen die Zuständigkeit für sich zurückgeben, wie eine Verbindungsschnur, die wir sorgfältig lösen, liebevoll aufrollen und ihm mit Respekt überreichen.

Das ist auch deshalb wichtig, weil wir sonst entweder bald am Ende unserer Kräfte sind, oder, – und das ist eine häufige Reaktion – uns gegen diese Überforderung auf ungesunde Weise abpanzern, sei es dadurch, dass wir emotional „dicht machen", hart und kalt werden an einer Stelle, an der wir allzu berührbar waren, sei es – wie ich es in vielen Fällen beobachtet habe – durch Krankheit. Dann setzt wenigstens der Körper Grenzen, die wir selbst nicht zu ziehen fähig waren. Eine Notlösung, die es uns nahe legt, unsere Rolle als Begleiter noch einmal sorgfältig zu überprüfen und neu zu definieren.

Noch eine Falle, in die wir geraten können, wenn wir besonders gute Weggefährten sein wollen, ist die Annahme, wir müssten kundig sein, reif, gelassen, fit, welterfahren, durch nichts zu erschüttern, kurz, wir müssten perfekt sein, wenn wir uns als Begleiter zur Verfügung stellen. Dieses ist ein Irrtum. Zum Ersten werden wir diesen Zustand vermutlich nie erreichen, – und ich sage: Hoffentlich werden wir ihn nie erreichen, denn wenn das Lernen und Wachsen und Entwickeln aufhört, hört auch die Lebendigkeit auf. Zum anderen stelle ich mir einen perfekten, immer weisen, geschulten, routinierten Weggefährten ziemlich unangenehm vor. Es fehlt ihm das, was ihn – nach der Definition meiner Freundin – zum Engel machen könnte: die Menschlichkeit.

Eine ehrenamtliche Seelsorgerin im Krankenhaus hatte lange die Vorstellung, sie müsse mit den richtigen Rezepten für den optimalen Umgang mit Kranken ausgerüstet sein, um ihre Unsicherheit zu verlieren. Genau solch ein Rezept aber wäre – wenn es das denn gäbe – nur eine Barriere zwischen ihr und den Patienten. Befreit aus diesen Ängsten war sie erst, als sie begriff, dass sie dort, wo sie von Gott hingeschickt wird, von ihm auch den Mut und die Offenheit und die Ruhe dazu geschenkt bekommen würde, und dass sie schon spüren würde, was die Patienten von ihr brauchen. Bevor sie nun ein Krankenzimmer betrat, ging sie nicht wie sonst in ihr „Horror-Kopf-Kino" mit der alten Vorstellung „Es wird schrecklich, und ich weiß wieder nicht, was das Richtige ist, was ich sagen oder tun soll", sondern sie blieb offen und aufgeschlossen und bereit, vielleicht auch vom Patienten zu lernen. Sie sagte sich einfach: „Mal sehen, was kommt."

Dabei ist die Möglichkeit, von dem, den ich begleite, zu lernen, ein Geschenk auf Gegenseitigkeit. Ich bekomme etwas, wenn ich dazulerne, natürlich, aber der, dem ich Gefährtin bin, hat auch einen Gewinn: Er wird sich solcherart im Weitergeben erst so recht seines Reichtums bewusst.

Gefährten auf dem Weg. Es ist schön, wenn sie aufeinander achten, sodass sie im organischen Fluss des Gebens und Nehmens bleiben. Eine ideale Wegzehrung ist es dann, wenn sie ihre Erfahrungen miteinander teilen, sich austauschen über ihre Kraftquellen, Oasen und Refugien, zum Beispiel über einen geheimen Phantasie-Garten, liebevoll angelegt mit allem, was das Herz begehrt, mit Regenbogen im Glitzern der Springbrunnen, mit Blumen in allen Farben, heilsamen Kräutern, reifen Früchten und verschwiegenen Ruheplätzen, an die man sich in Gedanken zurückziehen kann, wenn das Leben laut und anstrengend ist. Oder sie können sich auf dem Weg ihre Lieblingsgeschichten erzählen, Märchen und Parabeln zum Nachdenken, die eigentlich immer auch ein kleines, buntes Lehrstück sind. Ich liebe diese Anekdoten, Fabeln, Gleichnisse und Sagen, gegenseitige Geschenke eigener Art, die ich mit meinen Freunden und Weggefährten austausche. Solche Geschichten haben die herrliche Eigenschaft, sich dann wie von selbst in der einen oder anderen Situation zuzugesellen, wenn ich sie gerade brauchen kann, für mich selbst oder für einen anderen Menschen.

Herausforderung

Der Angst begegnen

Am ersten Abend ihrer Reise kommen Tobias und Rafael an den Tigris. Dort wollen sie übernachten. Als Tobias zum Fluss hinabsteigt, um zu baden, schnellt ein großer Fisch aus dem Wasser heraus und will ihn verschlingen. Voll Entsetzen schreit Tobias auf. Noch nie ist er solch einem angsterregenden Monstrum begegnet. Starr vor Schreck, mitten im Wasser, halb nackt und hilflos, ohne Waffe, fühlt er sich in seiner Angst so schutzlos ausgeliefert, dass er sich vor Panik nicht zu helfen weiß.

Ähnlich geht es uns auch manchmal, wenn uns die Angst so überwältigt, dass wir wie gelähmt sind und wie blind, ohne Zugang zu unseren gewohnten Hilfsmitteln und Strategien, mit denen wir sonst unser Leben in den Griff bekommen. Das, was unerwartet und erschreckend auf uns hereinbricht, was wir nicht einmal benennen können, scheint uns völlig in seiner Gewalt zu haben.

Wenn solche Angst einen Mann überwältigt, kommt meist noch dazu, dass er versucht, sich diese Angst nicht zuzugestehen, denn das passt so gar nicht zum Selbstbild von überlegener Kraft, das er sich gern von sich machen würde. Ein Schauspieler, der nach Jahren beruflicher Erfolge eines Tages – wie aus dem Nichts – von Lampenfieber geschüttelt, unfähig war, eine Rolle zu übernehmen, versuchte erst, mit Alkohol gegen diese Panik anzukämpfen, dann mit Beruhigungsmitteln. Beides allerdings dämpfte sein Denkvermögen so, dass er Mühe hatte, seine Texte

und Stichwörter zu behalten. Es half nichts, er musste sich mit seiner namenlosen Angst auseinandersetzen, und dafür musste sie Gestalt bekommen. Was war das denn überhaupt, wie sah das aus, was ihm solche Angst einjagte, worüber er so in Panik geriet? Wo er sich schon einmal darauf eingelassen hatte, kam ihm rasch ein Bild vor Augen: ein Tier, größer als er, unberechenbar und hinterhältig: „Angsthase! Ja, ein riesiger Angsthase, das ist es. Widerlich!" Und jetzt begann er, dieses Wesen zu beschimpfen und ihm seine ganze Wut überzuschütten, bis er erschöpft merkte, dass er neugierig wurde, wie denn der Angsthase auf seine Schimpfkanonade reagieren würde. Als er sich versuchsweise in ihn hineinversetzte, kamen seltsamerweise ganz vernünftige Erwiderungen: „Klar will ich dir Angst machen. Ich sehe nämlich längst, dass du allmählich für das Fach des jugendlichen Liebhabers zu alt bist. Du musst umdenken, und dazu kriege ich dich nur, indem ich dir Panik mache. Es ist Zeit, dass du dir andere Rollen suchst! Höchste Zeit!" Schlauer Angsthase. Aber ob er sich wirklich nur Gehör verschaffen konnte mit Panikmache? Die beiden, er und sein Angsthase, diskutierten eine Weile hin und her, und dann kamen sie schließlich zu einer Vereinbarung: Keine dieser grauenhaften Angstattacken mehr, „– und dafür beginne ich sofort, mich um interessante Rollen aus dem Charakterfach zu kümmern. Bis ich da etwas aufgebaut habe, leiste ich aber im alten Fach redliche Arbeit, ohne den verzweifelten Ehrgeiz, noch weiter die Jungen auszustechen." Dieser Pakt hat tatsächlich das Problem gelöst.

Auf solch kreative Weise können wir zu einer Lösung kommen, wenn wir begreifen, dass Angst, selbst wenn sie uns zunächst unsinnig erscheint, fast immer sinnvoll ist, wenn wir uns auf sie einlassen. Und sie hat die angenehme Tendenz zu verschwinden, wenn sie ihre Schuldigkeit getan hat. Das anzuschauen, was uns Angst macht, es ernst zu nehmen und den Nutzen zu verstehen, der darin für uns verborgen ist, kann Horizonte öffnen.

Als Tobias, den bedrohlichen Riesenfisch vor Augen, starr vor Schreck, mitten im Fluss steht, ist es wieder aufschlussreich zu beobachten, wie Rafael sich als Weggefährte verhält. Er nimmt sich nicht etwa ein großes Messer und springt hinterher, kämpft siegreich mit dem Fisch, und Tobias steht schließlich triefend nass am Ufer mit dem deprimierenden Gefühl, dass er eben mit so etwas nicht fertig wird. Nichts dergleichen. Rafael bleibt am Ufer und ruft Tobias zu: „Pack ihn!" Er ruft nicht: „Schwimm weg, so schnell du kannst." Das wäre in einer anderen Situation vielleicht schon das Richtige. Die Entscheidung zum Weglaufen ist manchmal weise. Wenn Tobias aber in diesem Moment ausweichen, es nicht mit der Gefahr aufnehmen würde, könnte er sich möglicherweise von da an unfähig fühlen, Herr seiner Angst zu werden, und dieses Gefühl von Schwäche und Versagen würde ihn vielleicht ein Leben lang verfolgen, falls er es nicht irgendwann bei anderer Gelegenheit bewusst überwindet.

Hilfreich ist es in solch einer Situation, wenn wir einen Menschen neben uns haben, der uns mit selbstverständlicher Zuversicht Mut macht: „Du schaffst das!", sodass seine Zuversicht sich auf uns überträgt. Mit diesem Vertrauen, diesem Selbstvertrauen, wachsen unsere Kräfte – oder vielmehr: Wir werden uns wieder der uns innewohnenden Kräfte bewusst, haben Zugang zur Geistesgegenwart, zu Kreativität und Lösungsstrategien, und können so eine schwierige Situation selbst meistern. Wieder ist der Schutz, den Tobias von Rafael erfährt, nicht einer, der einengt durch Erwartungen aus einem rigiden System wie dem des Vaters: „Du hast so zu sein und so, damit du bestehen kannst vor den Menschen und vor Gott." Er schützt ihn auch nicht durch überbehütende Ängstlichkeit wie die Mutter: „Setz dich lieber keinen Gefahren aus, stell dich nicht dem Unkontrollierbaren, Unvorhersehbaren, wer weiß, was dir geschehen könnte." Rafael gibt Raum für eigene Entscheidungen und Zutrauen in die Eigenkräfte.

Für mich ist er darin ein ideales Vorbild, wenn ich jemanden in Zeiten der Herausforderung begleite. Statt in Gefahr zu geraten, meine eigenen Hilfsstrategien zu entwickeln für den anderen, konzentriere ich mich darauf, wie ich seine Eigenkräfte stärken oder ihm den Boden unter seinen Füßen spürbar machen kann. Dann ist es manchmal dienlich, wenn ich den anderen frage, worin – wenn es schon so stürmisch zugeht – sein Lebensbaum wurzelt. Die Rückbesinnung auf das, was nährt, was Hintergrund und Anker ist, was zu den Quellen hinabreicht, kann Unsicherheiten bannen: der Halt in der eigenen Lebenserfahrung und Kompetenz, im Glauben, in der Beziehung zur Familie und zum Freundeskreis, im Bezug zur Natur, zu Licht, Farben und Klang, oder auch die Orientierung an einem Menschen, der gerade für ihn mit seinem Leben beispielhaft war oder ist.

Nicht heldenhaften Mut und Waghalsigkeit sollten wir dem Anderen zusprechen – Helden sind oft nur risikobereit und mutig aus Mangel an Phantasie –, sondern Vertrauen in die ganz einmaligen, nur ihm zugehörigen Mittel und Möglichkeiten, um das Leben in der Krise selbst zu gestalten. Vielleicht hilft dazu auch eine einfache Frage wie „Wo fühlst du dich in deinem Element?" Dieses Element kann hier erst einmal ganz buchstäblich erforscht werden: Ist es die Beweglichkeit und Transparenz der Luft, die Energie und Strahlkraft des Feuers, das Reinigende und Anpassungsfähige des Wassers oder das Grund gebende, Nährende der Erde? Welches sind die „elementaren Kräfte", die deine Stärke sind?

Mut machen heißt vor allem, dem Anderen seine ganz eigenen, innewohnenden Kräfte präsent werden zu lassen. Dazu gehört, dass wir als Wegbegleiter selbst Freude daran haben, staunend und bewundernd die Einmaligkeit, das Charisma, die Fähigkeiten des anderen wahrzunehmen und zu fördern. Nicht der Mangel, die Probleme, die Hindernisse und Schwierigkeiten sollten dann im Vordergrund stehen. Die sieht der andere ohnehin deutlich genug. Später dann, im Rückblick nach bestandener Gefahr, können sie durchaus als Lehrmaterial fürs Leben dienlich sein. In der akuten Situation aber sind wir als Mitmensch weitaus hilfreicher, wenn wir Unterstützung geben wie Rafael für Tobias.

Tobias packt den Fisch und wirft ihn ans Ufer. Das also hat er geschafft, die Gefahr ist bestanden. Und nun weist Rafael ihm einen wichtigen Weg, um das zu nutzen, was vorher nur bedrohlich und beängstigend gewesen war. „Wenn du den Fisch jetzt aufschneidest und zerlegst, bewahre Leber, Herz und Galle auf, sie sind gut als Arznei zu gebrauchen, und den Rest können wir für uns braten." In einer Übersetzung heißt es sogar, sie hätten noch etwas zum Einsalzen übrig behalten, – ganz praktisch, bei solch einem offenbar riesigen Tier, auch als Vorsorge für den Weg, der noch vor ihnen liegt.

Alles, was eine Herausforderung, eine Krise, eine überwundene Auseinandersetzung birgt, können wir brauchen. Wir sollten uns nicht damit begnügen, um im Bild zu bleiben, dass wir den Fisch besiegen und ihn dann dem Fluss überlassen. Wir würden uns einer Chance begeben. Das, was wir durchgestanden und wogegen wir uns behauptet haben, was wir überstanden haben, sollten wir zerlegen, auseinander nehmen und anschauen, sollten verstehen, was darin steckt, welche eigentlichen Inhalte sichtbar werden, sollten es dann braten, also für uns nutzbar und verwertbar machen, gut durchkauen, erst dann schlucken – und vor allem in Ruhe verdauen. All das, was wir als negative, dunkle Kräfte einordnen, können wir solcherart verwandeln, aus der Aggression die Energie herausfiltern und nutzen, und negativ erscheinende Erlebnisse nachträglich umwandeln in positive Kräfte, die wir aus eben dieser Erfahrung gewonnen haben.

Eine Frau zum Beispiel, die große Angst vor der Kritik ihrer Vorgesetzten hatte, war immer mit allen Mitteln den Gelegenheiten ausgewichen, in denen sie sich einer Beurteilung hätte stellen müssen. Irgendwann war sie dann doch in genau die Situation geraten, der sie immer aus dem Weg gegangen war. Sie hat sich nun zwar nicht in Souveränität und Gelassenheit glorreich geschlagen, das war auch nicht zu erwarten gewesen, aber sie hat doch ihr Herz in beide Hände genommen und hat sich die Meinungen und Ansichten ihrer Chefin angehört, ob das alles nun gerecht oder ungerecht, sachlich oder nur sehr subjektiv war. Danach stellte sie fest, dass immerhin ihr Kopf noch dran war, und weder war das Ganze in Beschimpfungen ausgeartet, noch drohte ihr die Entlassung, noch war sonst etwas von dem Horror über sie hereingebrochen, den sie – völlig irrational – befürchtet hatte. Sie hatte es geschafft.

Als ich ihr danach als Gesprächspartnerin dienen konnte, nutzten wir die Erfahrung in bester „Fischverarbeitungs-Manier": Zunächst spürte sie noch einmal nach, was in ihr eigentlich auf die Kritik reagiert hat – und wie? Und sie stellte fest, dass da drei Anteile waren: das „kleine Mädchen", das bockig und zornig nichts hören will, dann ein unbestimmtes Angstgefühl im Bauch, ganz kreatürlich, und schließlich noch ein besonnener, erwachsener Anteil. Alle drei Anteile würdigte sie als ihr zugehörig und durchaus sinnvoll, denn das kleine Mädchen war voller Energie, das Angstgefühl konnte sie recht- zeitig vor Gefahren warnen, und die Besonnenheit hatte sie davor bewahrt, gleich auf die Palme zu gehen oder davonzu- laufen. Nachdem sie sich so mit sich selbst recht einig fühlte, begab sie sich gedanklich auf die Seite der Vorgesetzten und fragte sich, was diese im Sinn gehabt haben könnte, was für sie der Zweck dieser Aussprache war, was sie sich als Ergebnis gewünscht hätte, und wie sie sich in diesem Gespräch gefühlt haben mochte. Das war schon sehr hilfreich. Die nächste Frage, eine Frage an sich selbst, war dadurch nicht mehr so schmerz- haft, nämlich: ob nicht in dem, was die andere gesagt hatte, ein Körnchen Wahrheit stecken könnte, oder auch zwei oder drei. Als sie damit fündig geworden war, galt es zu überlegen, was sie daraus lernen, und was sie ändern könnte. Und schließlich dachte sie noch eine Weile nach darüber, wie eigentlich sie selbst andere kritisiert, – und wie sie auf gute, nicht verletzende und konstruktive Weise Kritik üben könnte. Damit war dann die ganze Sache integriert – oder „verdaut".

Eine andere junge Frau hatte große Ängste, verlassen zu wer- den, war aber diesem bedrohlichen Gefühl immer ausgewichen. Als wir die Angst dann eines Tages gemeinsam anschauten, wurde ihr klar, welche Erfahrungen in ihrem Leben dazu geführt hatten. Vor wenigen Jahren war ihr Vater gestorben, hatte sich, wie sie sagte, einfach aus dem Staub gemacht, indem er weniger und weniger aß und schließlich an Entkräftung starb. Dass er sie wirklich verlassen hatte, kam ihr beim näheren Hinschauen nicht mehr so evident vor. Er war für sie weiter präsent in dem, was immer seine unterstützenden Botschaften an sie gewesen waren und immer noch blieben. In diesem inneren Vermächtnis war er auf seine Weise bei ihr. In kritischen Situationen ahnte sie oft seine Antworten auf ihre Fragen, und das, was ihn ausgemacht hatte, war für sie auf diese Weise erreichbar und ganz fraglos unverlierbar.

Das Erlebnis einer zerbrochenen Beziehung entschlüsselte sie bei näherer Betrachtung als ein Verlassen auf Gegenseitigkeit, das heißt, sie fühlte sich nicht mehr als armes verlassenes Opfer. Deshalb war sie nun auch, wie sie erkannte, durchaus in der Lage, eine neue Beziehung selbst so zu gestalten, dass sie alle Chancen zum Gelingen und zur Beständigkeit hat.

Das dritte Erlebnis war ein Verlassenwerden besonderer Art. Ihre Mutter entfernte sich durch eine Alzheimer-Erkrankung mehr und mehr, sie war als die Persönlichkeit, die sie gewesen war, kaum mehr erreichbar, wurde immer mehr zum hilflosen Kind. Hier begann sie nun, alle Möglichkeiten auszuschöpfen, wie sie dieses Weggehen so einordnen könnte, dass sie auch hieraus nicht ihre alte Angst nährte: „Ich werde immer verlassen". Dazu musste sie lernen, diesen gewiss schmerzlichen Prozess zu akzeptieren, den die Krankheit der Mutter mit sich brachte, und begreifen, dass ein Kind, das seine Fähigkeiten entwickelt und sich verändert, dadurch nicht die Eltern „verlässt", und dass dies in gewisser Art dem Prozess vergleichbar ist, in dem die Mutter sich in ähnlicher aber eben reziproker Weise verändert, während sie ihre Fähigkeiten nach und nach einbüßt. Die junge Frau musste also in der kommenden Zeit aktiv die Beziehung zu ihrer Mutter immer wieder neu formulieren, immer entsprechend der langsam fortschreitenden Krankheit. Als sie sich dieser Aufgabe bewusst geworden war, wich das Gefühl, ausgeliefert zu sein, sie fühlte sich nicht mehr als ein vom Verlassenwerden bedrohtes, passives Opfer. Sie wusste, die Aufgaben, die in der nächsten Zeit auf sie zukommen, sind nicht einfach, aber sie war bereit, sich der Situation zu stellen.

Wenn wir als Wegbegleiter dazu beitragen können, dass ein anderer eine Herausforderung annimmt und Mut schöpft, sodass er einer Angst nicht ausweicht, kann das zu einer der schönsten, kraftvollsten Hilfestellungen werden. Ich möchte aber warnen davor, jemanden in eine solche Herausforderung hineinzutreiben. Wohlmeinende Ratschläge, oft mit Druck oder zumindest mit Nachdruck verabreicht, wie „du musst endlich deinen Schatten ansehen", oder „du darfst nicht weiter verdrängen, was längst ans Tageslicht gehört", oder „Wenn ich dir helfe, kannst du doch mal die Gespenster aus der Vergangenheit hervorholen und endgültig besiegen" – solche gut gemeinten Versuche zur Unterstützung können geradezu gefährlich sein, denn sie durchbrechen einen sinnvollen Schutz. Jemand, der sich an Schmerzhaftes, Bedrohliches oder Unangenehmes nicht erinnert, der Ängste verdrängt, manchmal jahre- oder jahrzehntelang, hat dafür seinen guten Grund, auch wenn ihm dieser nicht bewusst ist. Er ist zum gegenwärtigen Zeitpunkt noch nicht fähig, sich mit all dem zu beschäftigen, ohne daran krank zu werden oder zu zerbrechen. Besser ist es dann für den Begleiter, die Sicherheit, die Selbstsicherheit des anderen zu stärken, sein Vertrauen in den Schutz Gottes, bis daraus dann das Gefühl von Geborgenheit, Gelassenheit und Zuversicht so weit wächst, dass er eines Tages, zu seiner Zeit, den Schutzwall von Verdrängen und Vergessen nicht mehr braucht. Erst dann wären wir mit unserem „Pack den Fisch! Nur Mut!" an der Reihe.

Am nächsten Morgen, bevor die beiden ihre Reise fortsetzen, hat sich Tobias nach seinem Abenteuer so weit beruhigt, dass er nun doch wissen will, wofür er Herz, Leber und Galle des Fisches aufbewahren soll. „Herz und Leber können als Räucherwerk dienen", sagt Rafael, „wenn jemand von bösen Geistern geplagt wird. Und die Galle ist ein gutes Heilmittel für die Augen." Diese Antwort genügt Tobias vorerst.

Wenn wir eine Krise, eine Auseinandersetzung mit Gefahr und Angst bestanden haben, und die gewonnenen Erkenntnisse und Einsichten auch bereits verdaut, also integriert sind, gibt es oft noch etwas, wofür wir vielleicht einen Freund, einen Gefährten brauchen, der uns den Blick öffnet. Es sind die „guten Arzneien", die wir aus dieser Erfahrung mitnehmen können. Das, was in unserer Geschichte Herz, Leber und Galle des Fisches symbolisieren, kann uns ein anderer – während wir selbst noch in diesem Abenteuer des Lebens, dieser Herausforderung stecken – aus seiner Sicht bewusst machen. Ein Beispiel dafür ist Verständnis und Einfühlungsvermögen: Fähigkeiten, die nutzbar und heilsam sind nicht nur für uns selbst, sondern durch uns für andere, eine neue Art der Hinwendung, die Heilung fördern kann, sogar in dem, was Leber, Herz und Galle symbolisieren, den Bereichen der tiefen Empfindungen und Emotionen, den Bereichen der Liebe und des Schmerzes.

Tobias ist dort im Fluss sich selbst begegnet in einer Situation, die ihm kein Ausweichen mehr erlaubte. Der Tigris wurde ihm zum Ort des Durchgangs, des Übergangs von der behüteten Abhängigkeit im Kindsein zur mutigen, erwachsenen Eigenständigkeit. Er hat nicht nur einer Gefahr standgehalten, sondern hat es mit seiner Angst, mit seinem eigenen Schatten aufgenommen. Wenn wir auf ähnliche Weise uns selbst erfahren haben, sind wir dadurch auch fähiger geworden, andere in ihren Ängsten zu sehen und besser zu verstehen, sodass wir ihnen beistehen können, vielleicht in ähnlicher Weise wie Rafael.

Rafael wirkt in dieser Szene nicht als Schutzengel wie die, die wir auf den Bildern aus dem vorletzten Jahrhundert dargestellt sehen, wie sie kleine Kinder sicher durch Schrecken und Gefahr geleiten. Er ist der Engel, der Mut macht, die eigene Kraft und Größe zu entdecken.

Dass allerdings gerade dieses Kinder-Schutzengel-Bild auch in ähnlicher Weise wirken kann, habe ich mit Staunen erlebt in einer Zeit, als ich eine junge Frau durch große Ängste begleitet habe. Ihre kleine Tochter, ein Baby noch, musste, um überleben zu können, eine gefährliche Herzoperation über sich ergehen lassen, wobei aber selbst dadurch die Chance zum Überleben nicht höher als fünfzig Prozent war. Wenige Tage vor dem Eingriff fand die Mutter der Kleinen auf dem Dachboden zufällig genau solch ein Bild aus dem Nachlass ihrer Großmutter: Da führte ein großer Engel ein Kind an seiner Hand über einen reißenden Fluss. Was uns solcherart „zufällt", können wir achtlos fallen lassen oder wir können es dankbar auffangen und als Geschenk annehmen. Meine Aufgabe als Begleiterin beschränkte sich damals darauf, mein Staunen über diesen Zufall – wenn es denn einer war – mit ihr zu teilen. Sie hätte sonst vielleicht ein solches Bild lediglich als Kitsch abgewertet und zum Sperrmüll gegeben. Jetzt aber war es wie eine Botschaft zur rechten Zeit, die Mut und Gottvertrauen in ihr weckte und stärkte. Es wurde zu einem inneren Bild der Zuversicht, das sie davor bewahrte, ihre eigenen Ängste auf ihr Töchterchen zu übertragen. Das todkranke Baby von damals ist übrigens inzwischen eine quicklebendige Fünfjährige.

Beziehung

Mit den Augen der Liebe sehen

Als die beiden weiterwandern, und Tobias fragt, wo sie wohl die nächste Nacht bleiben werden, erzählt Rafael ihm von einer befreundeten Familie, die er von früheren Reisen her recht gut kennt, und die sogar zum selben Stamm gehört wie Tobit und Tobias.

Für mich als Gefährtin auf dem Weg gehört so etwas zu den besonders erfrischenden Freundschaftsdiensten: Verbindungen und Netze zu knüpfen zwischen Menschen, die ich besonders schätze, und meine Freunde miteinander bekannt zu machen. In vergangenen Zeiten spielte dabei die Großfamilie noch häufig eine entscheidende Rolle, und die Frage, ob man, wie es so bildhaft heißt, „aus dem gleichen Stall kommt". Der geistige, gesellschaftliche und kulturelle Hintergrund und ein ähnlicher Bildungsgrad waren selbstverständliche Grundlage dafür, dass man davon ausging, dass diese Menschen sich etwas zu sagen haben, dass Freundschaften entstehen können, oder dass – wie in unserer Geschichte – ein Paar zusammenfindet.

In unseren Tagen ist es eher wahrscheinlich, dass da eine Wahlfamilie entstanden ist. Jugendfreunde können dazu gehören, auch Kollegen, mit denen man nicht nur berufliche Interessen teilt, Zufallsbekanntschaften und natürlich manchmal auch der eine oder andere aus der Familie. Menschen, die uns ergänzen oder gerade durch ihre Andersartigkeit herausfordern und in Frage stellen sind dabei, andere, die uns durch ihren

Witz und Geist bereichern, wieder andere, mit denen wir gern bei dem verweilen, was uns zutiefst berührt, oder mit denen wir versuchen, gemeinsam ein Stück Welt zum Besseren zu verändern, oder Freunde, mit denen wir unser Hobby teilen. Es ist vergnüglich und befriedigend zu beobachten, wie diese Menschen sich begegnen, bei einer Einladung vielleicht, einem Fest oder einer gemeinsamen Unternehmung, und wie neue Freundschaften und Weggefährtenschaften entstehen, vielleicht sogar eine Liebe.

Wenn ich das weitere Gespräch von Rafael und Tobias verfolge, wird mir einmal mehr bewusst, wie viel unsere Sicht auf die Mitmenschen bewirken kann. Ob ich negative Urteile oder Vorurteile weitergebe, oder ob ich mir mein eigenes Bild mache, ob ich meine Nachbarn mit Misstrauen, Neid und Skepsis beobachte, oder ob ich die Menschen so sehe, wie sie von Gott geliebt sind mit all den Möglichkeiten, die sie noch verwirklichen können, und dabei ihren inneren Reichtum und ihre Würde vor Augen habe. Immer muss ich mir auch bewusst sein, dass ich durch das, was ich denke, ein Menschenbild abwerte oder aufwerte, und meinen Gesprächspartner mit dem, was ich sage, zur negativen oder positiven Sicht beeinflusse. Was nicht heißen soll, ich müsste ein Schicksal schönreden oder einen dunklen Hintergrund verheimlichen, nur um einen Menschen nett und harmlos zu schildern, als müsse er sich nicht den Herausforderungen stellen, die seinem Leben Gewicht und Bedeutung geben.

Rafael erzählt Tobias von Raguel, bei dem sie übernachten werden, und er erzählt vor allem von Raguels einziger Tochter Sara, deren Erbe der Tradition gemäß nach ihrer Heirat in der Großfamilie bleiben soll. Immer wieder hatte Raguel geglaubt, einen passenden Schwiegersohn gefunden zu haben, aber immer waren die jungen Männer ums Leben gekommen, noch bevor die Ehe vollzogen war. Keiner von ihnen war anscheinend aus dem Stamm oder der weiteren Familie Raguels gewesen. War das ein Grund für dieses Scheitern der Brautbewerber und ihr böses Ende, das einem Dämon zugeschrieben wurde, von dem Sara angeblich besessen war? Rafael sagt jedenfalls sehr klar: „Dir, Tobias, steht dieses Erbe zu, du bist der einzige in Frage kommende Verwandte. Sara ist die Frau für dich." Tobias ist mehr als skeptisch, er hat doch gehört, dass ein böser Dämon im Spiel ist. Wenn der auch ihn tötet, was wird dann aus seinen Eltern? In diesem Moment scheint Tobias zwar erwachsen zu reagieren, indem er die Verantwortung für Vater und Mutter als erstes Argument für sein Zögern, seine Ablehnung vorbringt. Aber er geht in seinem Denken noch immer ausschließlich vom elterlichen System aus.

Rafael widerspricht nicht, er bleibt gedanklich neben Tobias, sieht zunächst die Situation ganz mit dessen Augen, versteht ihn und argumentiert nicht gegen ihn, sondern verstärkt sogar diesen Gedankengang. Natürlich ist es wichtig, an das zu denken, was für die Eltern gut ist. Aber gerade durch die Heirat mit Sara würde doch ein Herzenswunsch des Vaters erfüllt. Unter den vielen Ratschlägen und Anweisungen, mit denen Tobit seinen Sohn auf die Reise geschickt hat, war doch auch der: „Suche dir eine Frau aus unserem Stamm, eine, die in unserem Glauben, unserer Tradition erzogen ist." Außerdem ist das, was Eltern ihren Kindern zutiefst wünschen, gewiss nicht vorurteilsbeladene Kleinmütigkeit oder Ängstlichkeit, die sich aus übler Nachrede oder Gerüchten speist, sondern vielmehr eigene Urteilskraft und erwachsene Entscheidungsfähigkeit und ein gelingendes Leben, und dazu gehört sicher auch eine erfüllte Liebe, Nähe und Wärme, und der innere Reichtum, den eine gute Partnerschaft geben kann.

„Wegen dieser Dämon-Geschichte", sagt Rafael, „mach dir keine Sorgen. Herz und Leber vom Fisch sind gut als Räucherwerk gegen böse Geister. Erinnerst du dich?" – Und dann beginnt Rafael, das verzerrte Bild von Sara gerade zu rücken. Nicht eine männermordende, vom Dämon Besessene ist sie, wie die Leute sagen, sondern eine schöne, anmutige, aufrichtige und beherzte junge Frau. Tobias traut dem, was sein Weggefährte schildert, mehr als den Gerüchten, die da kursieren. Er traut den Augen seines Freundes mehr noch als seinen eigenen Vorurteilen, denn er hat ja erfahren, wie Rafael auch ihn selbst in seinen wirklichen Stärken und Werten sieht und unterstützt.

Tobias ist nun bereit, die eigenen – in diesem Fall nur negativen – Erwartungen beiseite zu schieben und ebenso wie Rafael das, worauf er zugeht, so zu sehen wie es tatsächlich ist.

Ich habe, wenn ich diesen Teil der Geschichte lese, die vielen Ehepartner vor Augen, deren Beziehung daran scheitert, dass einer vom anderen eine ganz bestimmte Vorstellung hat. Dabei ist durchaus nicht immer ein negatives Vorurteil der Auslöser für Missverstehen und Missachtung, sondern oft gerade das Gegenteil. Es ist erstaunlich, wie gerade dies die Verbindung zwischen zwei Menschen so grundsätzlich belasten kann, dass kaum mehr etwas die Wunden zu heilen vermag, die einer dem anderen zufügt. Die Überzeugung, der andere müsse anders sein als er ist, heißt nichts anderes, als dass die wirkliche Persönlichkeit des anderen hinter diesen Vorgaben keine Chance haben kann. „Du bist nicht so wie du sein solltest!" Wenn einer den anderen grundsätzlich anders haben will, ist damit die Enttäuschung programmiert, denn dem Wunschbild, dem Ideal, das auf den anderen projiziert ist, kann keiner genügen. Es ist dann, als läge eine Schablone vor dem Bild des Partners, an der er gemessen wird, und in der er immer zu klein erscheint.

Ein recht erfolgreicher Unternehmer, inzwischen Ende dreißig, hatte eine sehr treffende Bezeichnung gefunden, als er begriff, was er seiner Partnerin auf diese Weise antat, und woran zwei vorhergehende Beziehungen zerbrochen waren: „Die Last meiner Wünsche", sagte er, „war, wie ich jetzt weiß, unerträglich schwer. Ich erwartete Wärme, Zärtlichkeit und Geborgenheit, ich verlangte auch absolute Sicherheit, dass meine Partnerin mich niemals verlässt – und das versuchte ich dadurch zu verankern, dass ich sie so weit als möglich von mir abhängig machte. Ich erwartete Anerkennung und Bewunderung, höchste Erfüllung in der Sexualität, und, ja, wenn ich ehrlich bin, erwartete ich eben das ständige reine Glück!" Als er sich das sagen hörte „das ständige reine Glück", musste er unwillkürlich lachen. Ihm war klar, dass die unsinnig hochgeschraubten

Ansprüche der Realität keine Chance ließen. Und plötzlich hatte er noch ein sehr drastisches Bild vor Augen: Seine Beziehungen waren immer verlaufen, als hätte er einen kleinen kostbaren Vogel auf der Hand gehabt und hätte ihn, ohne hinzuschauen, durch seinen Zugriff erdrückt.

Es ist sinnvoll, und es ist der Blick eines „Weggefährten-Engels", den anderen zu sehen, wie er wirklich ist, ihn mit Freude und Bewunderung in seiner Einzigartigkeit zu entdecken und ihn zu fördern und zu unterstützen in seinen Fähigkeiten und Möglichkeiten, seinen ganz eigenen Gaben und Talenten, statt irgendwelche Traumwesen, irgendwelche Abziehbilder zu erwarten, Barbie-Puppe oder Superman.

Manchmal – und das ist traurig anzusehen – verbiegen sich die Menschen dem Partner zuliebe im verzweifelten Versuch, solch einem Wunschbild zu genügen. Heraus kommt weder das, was dem vorgegebenen „Ideal" entspricht, noch das, was in der Persönlichkeit angelegt war, sondern ein mehr oder weniger deformierter, seelisch verkrüppelter, zerbrochener, zerstörter Mensch.

Noch eine Form der Erwartungen an den Partner kann jede Beziehung so untergraben, dass sie nachhaltig aus dem Gleichgewicht geraten muss, nämlich die Annahme, der andere müsste doch wissen, was ich brauche. „Wenn er mich liebte, wüsste er, was ich mir wünsche!" Diesen Satz habe ich erstaunlich oft gehört. Aber wer beherrscht schon die Kunst des Gedankenlesens? Durch diese Erwartung gerät der Partner leicht in eine ständige Situation des Ungenügens und Versagens, und die Frau – tatsächlich sind es oft Frauen, die sich solch eine Falle bauen – sorgt solchermaßen selbst für Desillusionierungen und Missverständnisse im Alltag noch und noch. Dahinter steht die Schwierigkeit, um etwas zu bitten. Oft wissen wir ja auch selbst nicht so genau, was wir wirklich wollen. Und diese unbestimmten, nebelhaften, verschwommenen, unausgesprochenen Wünsche soll nun der Partner beantworten, indem er etwas erfüllt, was als Bitte nie formuliert und mitgeteilt wurde und was aber trotzdem ein ständiger unterschwelliger Anspruch bleibt? Der Mann – meist ist er es eben – gerät seinerseits in eine entsprechende Falle mit der Erwartung, wenn sie ihn liebte, müsse seine Partnerin ihm doch nur ganz einfach sagen, was er tun soll. Für ihn fühlt sich das ganz selbstverständlich an, so wie für sie die Annahme, er müsse doch wissen, was sie sich wünscht.

Wieder einmal ist hier eine gute Gelegenheit für einen Weggefährten oder Freund, die Widersinnigkeit und Absurdität, ja, die Komik solch einer verrückten Quelle dauerhafter Frustrationen aufzudecken. Wenn es ihm gelingt, dass schließlich das Groteske darunter hervorblitzt, das Abwegige, Närrische, und wenn ein Lachen diese Einsicht begleitet, wirkt er wahrhaft als Engel.

Dann bietet es sich an, hinzuschauen: Was möchte ich, was wünsche ich mir, was brauche ich, und was gibt mir eine neue Klarheit dort, wo vorher nur vage, verschwommene unerfüllte Bedürfnisse nisteten. Danach ist es zwar ungewohnt, aber gar kein solches Kunststück mehr, dem Partner zu sagen: „Liebster, es wäre schön für mich, wenn du…" – Dass dann auch ein Nein in Kauf genommen werden muss, ist kein Unglück, denn alle Wünsche sind beim besten Willen nicht erfüllbar.

Klarheit, die zwischen zwei Menschen auf solche Weise zum Alltag gehört, ist eine der solidesten Grundlagen für eine gelungene Beziehung. Leider gehört sie durchaus nicht zu den Selbstverständlichkeiten.

Das Gespräch zwischen Rafael und Tobias auf dem Weg zu Sara wird sich, so stelle ich es mir vor, viel um das gedreht haben, was eine gute Ehe ausmacht. Das „Darüberreden" ist allerdings eher Frauensache. Darin liegt auch eine der Fußangeln, in die ein Paar geraten kann: Männer und Frauen sind nun einmal verschieden, und einige dieser Verschiedenheiten zu kennen und sie auf gute Weise zu akzeptieren, bewahrt vor Stress in der Ehe.

Einer dieser Unterschiede ist zweifellos die Tatsache, dass Männer dazu tendieren, über etwas nachzudenken und dann ihrer Umgebung das Ergebnis mitzuteilen, während Frauen eher ihre Einsichten und Erkenntnisse im Gespräch miteinander entwickeln. Die Ursache für diese unterschiedlichen Ansätze hat angeblich etwas mit dem Akzent zu tun, der bei Männern mehr auf der Linkshirnhälfte liegt, die für das analytische Denken zuständig ist, bei Frauen auf der Rechtshirnhälfte, also im ganzheitlichen Wahrnehmen. Mag sein, dass auch einer der Urgründe weit zurück liegt in einer Zeit, als die Frauen noch in der Höhle beim Zubereiten der Nahrung und der Fertigung von Fellkleidung zusammen saßen, während die Männer auf die Jagd gingen. Wie auch immer, jedenfalls ist der Anspruch vieler Frauen an ihren Mann, er „müsse mit ihnen darüber reden" ein häufiger Reibungspunkt. „Er sitzt da und hüllt sich in Schweigen, liest die Zeitung oder schaut Fernsehen, während ich doch über unsere Pläne oder Probleme oder was sonst für uns wichtig ist mit ihm reden will!", denkt sie, beziehungsbezogen wie sie ist. Und er, der Aktionsbezogene denkt vielleicht leicht verquält: „Jetzt soll ich wieder darüber reden. Ich glaub', ich geh' mal auf ein Bier."

Ob diese häusliche Szene diese oder jene Ursache hat, sie ereignet sich jedenfalls so unverhältnismäßig häufig, dass etwas daran sein muss: Männer und Frauen haben meist einen verschiedenen Ansatz und damit auch verschiedene Bedürfnisse für ihre Kommunikation, und die Erwartung, sie müssten darin gleich sein, kann in Beziehungen leicht zur Quelle von Frust und unnötigen Spannungen werden. Der Rat eines Wegbegleiter-Engels für ein Paar könnte sich dabei darauf beschränken, dieses Phänomen einmal gemeinsam anzuschauen und sich dann miteinander darüber zu freuen, dass sie eben verschieden sind, sodass sie dadurch einerseits die Gespräche unter Freundinnen – also die prozessorientierte Kommunikation – umso mehr zu würdigen wissen und genießen, und andererseits die Zielorientierung der Männer, also auch die „einsame Denkarbeit".

Nachdem durch Rafaels Schilderung ein geradegerücktes Bild von Sara entstehen konnte, fasst Tobias Zuneigung zu ihr, er gewinnt sie lieb, und „seine Seele hing sehr an ihr", oder, wie es auch heißt, „er konnte sein Herz nicht mehr von ihr abwenden".

Wie ist das, wenn wir uns einem Menschen in Liebe zuwenden, und was sind die Kriterien für eine tiefe Liebe? In unserer Geschichte sind sie verblüffend einfach und vollständig verzeichnet. Da geht es erst um recht sachliche äußere Umstände,

die finanziellen Belange und die Zugehörigkeit in einen gesell-
schaftlichen Zusammenhang, danach aber gleich auch um den
gemeinsamen religiösen Hintergrund. Dann rückt die Anmut
Saras ins Blickfeld, also das, was sie äußerlich anziehend macht,
und schließlich ihre inneren Werte, ihr Mut, ihre Klugheit und
Aufrichtigkeit. Dies alles ist sicher für Tobias Grund genug zu
spüren, wie sein Interesse an dieser jungen Frau wächst. Aber
erst die innere Auseinandersetzung mit dem, was ihr Leben
kompliziert und belastet, ihr aussichtslos erscheinender Kampf
gegen den Dämon, bindet sein Interesse an ihr Schicksal, sodass
er beginnt, sein Leben mit dem ihren gedanklich zu verknüp-
fen, – zunächst in Angst und Abwehr. Er ist aber doch bereits
innerlich so beteiligt, dass er nicht mehr neutral und distanziert
bleiben kann.

Gerade das Schwere, das Schicksalhafte hebt Sara aus der
Belanglosigkeit heraus. Rafael, der Gefährte, verharmlost weder
die Belastung, die das Mädchen trägt, noch die Aufgabe, der
sich Tobias stellen muss, wenn er ihr aus ihrer Verzweiflung helfen will. Aber – dazu ermutigt ihn Rafael – er wird gemeinsam
mit Sara und mit Gottes Hilfe die Schwierigkeiten meistern können, um die Situation zum Guten zu lösen.

Der Anspruch einer gemeinsamen großen Aufgabe wie dieser
vermag eine Liebe zu vertiefen und zu festigen. Eine Herausforderung, die zwei Menschen miteinander bewältigen, so heißt es,
schmiedet dichter zusammen als manch anderes. In unserem
Alltag ist das oft etwas eher Unspektakuläres. Da kämpft ein
Paar darum, die gemeinsame Existenz auf solide Füße zu stellen, oder die beiden versuchen, aus eigenen Kräften ein Haus
zu bauen, oder sie wünschen sich vergeblich Nachwuchs. Vielleicht aber teilen sie auch die Sorge um ein behindertes Kind,
oder es kann zur Aufgabe werden, zusammen die Pflege der
Eltern zu übernehmen, die alt und hilflos geworden sind.

Manchmal ist es uns als Weggefährten viel deutlicher
bewusst, wie kostbar das ist, was ein Paar miteinander teilt:
das Schwere oder das Schwierige, die Mühe und die Anstrengung auf dem Weg zu einem gemeinsamen Ziel, die Schritte zu

menschlicher Reife gerade in Zeiten der Probleme und der Krisen. Von innen betrachtet bleibt der Blick vermutlich nur auf der Last und Plage hängen, auf der Beschwerlichkeit der Wegstrecke. Als Außenstehende können wir viel eher das widerspiegeln, was an Kraft, Würde und Wert in diesem Einsatz liegt, der zwei Menschen zusammenbindet. Unsere Wertschätzung wirft dann auch für die beiden ein anderes, helleres Licht auf die dunklen Zeiten durch die sie gehen, sodass sie sich gegenseitig mit neuen Augen zu sehen beginnen. Das kann dann wie ein Perspektivewechsel sein, zu dem wir beitragen, so einfach wie der vom halb leeren Glas zu dem zur Hälfte gefüllten.

Mit seinem Herzen und mit seiner Seele wendet Tobias sich Sara zu, „und er sah", wie es heißt, „dass Sara seine Schwester sei". Das sagt einerseits nichts anderes aus, als dass sie zwar nicht als Geschwister, aber eben als Vetter und Kusine zweiten oder dritten Grades miteinander verwandt sind. Noch heute ist solch ein weiter Begriff mancherorts selbstverständlich. Meine beiden Patenkinder in Äthiopien zum Beispiel sehen sich als Schwestern, dabei waren lediglich ihre Eltern weitläufig miteinander verwandt. Die beiden sind einander so liebevoll zugewandt wie es Geschwister nur sein können.

Darüber hinaus aber wurde die Bezeichnung „Schwester" damals auch der Verlobten oder Ehefrau gegeben. Auch Tobit hat zu Hanna gesagt: „Meine Schwester", als er sie zu trösten versuchte.

Wenn sich die Qualitäten der Geschwisterliebe und der geschwisterlichen Zughörigkeit der Liebe zwischen Mann und Frau zugesellen, bedeutet das in meinem Verständnis etwas ganz Wesentliches. Da ist Liebe und Verantwortungsgefühl, das dem Anderen trotzdem seine Freiheit lässt. Da ist Nähe, aber kein Besitzergreifen, Verständnis ohne Einmischung, die Bereitschaft, für den anderen da zu sein, aber ohne seine Zusammenhänge zu besetzen, Hilfsbereitschaft und dabei die Achtung vor der Würde des anderen und vor dem, was er aus eigener Kraft zu leisten vermag, das Gefühl, dass man, wie Tobias, „das Herz nicht abwenden kann" vom anderen, also treu bleibt, selbst wenn man den anderen über weite Strecken nicht versteht, eine Bereitschaft, die keine Bedingungen stellt. Dazu kommt noch all das, was sich hinter dem Begriff der „Seelenverwandtschaft" verbirgt. Seelen fühlen sich ineinander ein, berühren einander.

Ist dies alles ein unerreichbares Idealbild, gerade auch in der ganz alltäglichen Beziehung zwischen Mann und Frau? Ich glaube nicht. Ich habe die Erfahrung gemacht, dass Menschen, die einander mit den Augen der Liebe sehen, all das recht selbstverständlich leben. Vielleicht ist es aber auch zuweilen an uns, den Weggefährten, diesen Blick, diese Sicht wieder bewusst zu machen, wenn eine Beziehung im Alltag aufgerieben und in Langeweile und Gleichförmigkeit abgestumpft ist. Manchmal können ganz einfache Fragen die alte Perspektive in ihrer Buntheit und Lebendigkeit wieder in die Gegenwart holen. „Wie habt ihr euch damals kennen gelernt? Was war immer das Schönste zwischen euch? Und was ist das Wichtigste, das ihr jetzt miteinander teilt? Womit tut ihr euch gut? Was habt ihr voneinander gelernt über all die Zeit? Worin könnt ihr euch gegenseitig fördern? Welche Bereiche sind eigentlich die, die jedem von euch ganz eigen sind, und welche teilt ihr, welche habt ihr gemeinsam, sodass ihr spürt: zwei sind mehr als einer? Was sind die kostbarsten Eigenschaften des anderen, was sind die Werte, die ihm am wichtigsten sind? Wie würdet ihr euch gegenseitig beschrieben haben in den ersten Zeiten eurer Liebe? Was möchtet ihr am anderen unterstützen? Worin gebt ihr selbst ein gutes Beispiel für eine gelingende Partnerschaft? Was hat sich zum Besseren verändert im Lauf eurer Beziehung?"

Es ist schön, wenn die beiden sich auf solche Fragen einlassen, denn der gewohnte Blickwinkel aus der Negativ-Perspektive bringt ja ohnehin nichts Neues. Warum also nicht versuchsweise die andere Sicht zulassen?

Manchmal können wir als Weggefährten auf recht einfache Weise heilsam wie „Engel" wirken, wenn wir erst einmal selbst mit den Augen der Liebe, auch der geschwisterlichen Liebe, hinschauen und diese Sicht dann mit den anderen teilen.

Transformation

Die Kraft der Rituale

Tobias und Rafael sind nach einer Tagesreise in Ekbatana ange-
langt. Sara kommt ihnen als Erste entgegen, sie heißt sie willkommen und führt sie ins Haus.

Ihr Vater, Raguel, empfängt die beiden nicht nur mit der
üblichen, selbstverständlichen Gastfreundschaft. Es ist von vornherein etwas seltsam Vertrautes an seinem jungen Gast. „Sieht
er nicht meinem Vetter Tobit ähnlich?" fragt er Edna, seine Frau.
Und als er sich erkundigt, woher die beiden Reisenden kommen,
und erfährt, dass Tobias Tobits Sohn ist, freut er sich von Herzen, ist dann aber tief betroffen, als er von Tobits Schicksal hört,
und auch seine Frau und Sara brechen in Tränen aus, als Tobias
von der Erblindung seines Vaters berichtet.

Raguel bittet seine Gäste zum großen Willkommensmahl.
Tobias aber zögert, sich zu Tisch zu setzen. Er bespricht sich
kurz mit Rafael und sagt dann entschlossen zu seinem Gastge-
ber: „Ich will nichts essen oder trinken, es sei denn, du erfüllst
meine Bitte, mir Sara zur Frau zu geben."

Raguel erschrickt und versucht, Tobias von seinem Wunsch
abzubringen. Er erzählt in aller Offenheit vom Schicksal der
vorherigen Brautbewerber, und dann bittet er Tobias, er solle es
sich doch erst einmal gut gehen lassen, solle essen und trinken.
Tobias aber weigert sich standhaft. „Ich will nichts essen, ehe
ihr sie mir nicht feierlich zur Frau gegeben habt."

Diese Szene erinnert daran, wie Tobit, der Vater, sich nicht

zum Pfingstmahl setzen wollte, bevor er seinen Glaubensbruder bestattet hatte, dessen Leichnam sonst der Würdelosigkeit preisgegeben gewesen wäre.

Erst das tun, was wichtig ist, was einem am Herzen liegt, bevor man sich dann in Ruhe zum Essen begeben kann. Spüren, dass eine dringliche oder unerledigte Sache vorrangig ist – so könnte ein sinnvolles, ganz alltägliches Ritual aussehen. Viele von uns haben es wahrscheinlich, ohne darüber nachgedacht zu haben, ohnehin in ihren Alltag integriert. „Kommst du mit zum Mittagessen in die Kantine?" „Ja, gern, ich möchte das hier aber vorher noch zu Ende bringen!"

Das ist allerdings wohl ein sehr reduzierter Rest dessen, was früher üblich war. Da haben wir uns zum Beispiel vor dem Abendessen selbstverständlich noch frisch geduscht und umgezogen. Eigentlich ist es schade, dass diese Sitte verloren gegangen ist und nur noch als Kuriosum in englischen Romanen aus dem vorletzten Jahrhundert zu existieren scheint. Da folgte der Held selbst noch auf seiner beschwerlichen Reise durch die Wüste diesem Ritual, reinigte die Hände, wenn schon nicht mit dem kostbaren Wasser, so wenigstens noch mit Sand, und band ein frisches Halstuch um, bevor er den letzten Zwieback und den letzten Apfel verzehrte.

Durch solch eine Zäsur bekommt selbst das noch Bedeutung und Würde, was sonst alltäglich oder belanglos wäre. Zwischendrin mal eben zum Kühlschrank gehen, irgendetwas greifen und gedankenlos auf dem Weg zum Fernseher in sich hineinstopfen – das mag auch fast schon ein Ritual sein. Aber was sagt es über unser Verhältnis zur Nahrung aus und über das zu uns selbst? Was für ein Selbstbild und welche Kultur steht hinter dem ersten, altmodischen Ritual? Was würde es an ein und derselben Szene verändern, wenn wir uns erst einmal im Gebet und im Dank über das freuten, was uns geschenkt ist, bevor wir uns zum Essen begeben, so wie das afrikanische Sprichwort sagt: Danken heißt, sich vor Gott hinsetzen und sich freuen?

Zäsuren, Pausen, ein Ritardando zur rechten Zeit, das sind in der Musik gute Kriterien, um Kompositionen von Gedudel zu unterscheiden. Wer oder was kann uns eigentlich davon abhalten, unser Leben immer wieder durch solch ein Innehalten aus dem Alltäglichen herauszuheben, mühelos und kostenlos? Rituale im Alltag verwandeln Belanglosigkeiten in Kostbarkeiten oder eben auch umgekehrt, wie das kleine Kühlschrank-Beispiel zeigt. Sie geben überraschend zusätzlichen Raum in unserer Zeit, oder können Hetzerei und Stress noch verstärken, wenn wir allmorgendlich den Wecker auf die letztmögliche Zeit stellen, rasch ins Bad hasten, einen Kaffee runterstürzen und dann kopfüber hinein in den Berufsverkehr, sodass wir atemlos und abgehetzt sind, bevor der Tag noch recht begonnen hat. Immer wiederkehrende Rituale können in ihrer Verlässlichkeit eine Konstante sein, die Ruhe schenkt und Rückversicherung, Geborgenheit und Verankerung in all der Unvorhersehbarkeit und Zufälligkeit unseres Lebens, in dem, was an Eindrücken und Anforderungen in unserem Alltag oft so chaotisch zu sein scheint, und sie können sogar der Boden sein für eine selbstverständliche Kultur des Feierns, im Großen wie im Kleinen.

Kinder haben dafür ein gutes Gespür, wenn sie ihr Abend-Ritual einfordern. Sie bestehen darauf, dass vor dem Einschlafen eine Geschichte erzählt oder vorgelesen wird, dass eine kleine Lampe angezündet wird und das Kuscheltier auf seinem ganz bestimmten Platz im Bettchen liegt. Sie meutern, wenn zum Advent nicht die gewohnten Plätzchen gebacken werden und wären tief enttäuscht, wenn das Osterfest einfach übergangen würde. Überhaupt ist das Kirchenjahr ein gutes Beispiel für die heilsame Wirkung immer wiederkehrender Rituale, und das sicher nicht nur für Kinder!

Als Weggefährten untereinander ist es schön, solche Rituale miteinander zu teilen, sie auszutauschen, vielleicht gar auch neue zu installieren, so wie vier Freundinnen, die sich gegen die Herbstdepression wehrten. Als die Welt kälter und dunkler zu werden begann und im Matsch zu versinken schien, die Leute mit Schnupfennasen grämlich durch den Regen trotteten, kreierten sie einen imaginären November-Korb, der alles enthielt, was gerade diese Jahreszeit kostbar macht. Natürlich waren Kerzen darin, denn erst in der dunklen Zeit kommen sie zu ihrer Geltung, dann der Lieblingspullover, eine ganz bestimmte Musik und die Muße, ihr zu lauschen, der Duft der ersten Lebkuchen, eine Landschaft, geheimnisvoll in Nebel gehüllt, ein dicker Roman, Bratäpfel mit Zimt, bunte Wollsocken in Gummistiefeln, ein Herbstgedicht, – der Korb wurde immer größer und schwerer. Und jedes Jahr wird er wieder neu gefüllt, um eine dunkle Zeit in Wärme und Licht zu tauchen.

So kann eine Vielzahl von Ritualen zur guten Gewohnheit werden und einstimmen in heilsame Rhythmen.

Der andere große Bereich gehört den Ritualen, die dazu dienen, etwas Neues auf gute, bewusste Weise zu beginnen, oder etwas Wichtiges zu beenden und abzuschließen. Damit kommen wir zu unserer Geschichte zurück.

Raguel gibt schließlich sein Zögern auf. Er fleht Gottes Segen auf das junge Paar herab, denn ein Rest Vorbehalt bleibt doch in ihm nach den schlimmen Ereignissen der letzten Zeit, und für die Angst, die damit noch verbunden ist, bedarf es der besonderen Hilfe von oben, das weiß auch er. Schließlich wird dann, gemäß der Sitte, der Ehevertrag aufgesetzt und besiegelt, und man setzt sich zum Mahl.

Edna geht mit ihrer Tochter hinaus, um das Brautgemach herzurichten. Als sie sieht, wie Sara voller Angst und Unsicherheit zu weinen beginnt, spricht sie ihr Mut und Vertrauen zu und das, was Sara sich kaum mehr zu wünschen wagt: „Freude in dieser deiner Trauer schenke dir der Herr!" Dann lässt Edna ihre Tochter allein.

Das ist nun eine sehr kurze Zeitspanne, in der sich die junge Frau noch auf die Verbindung mit ihrem Verlobten einstimmen und einstellen kann.

Vieles in dieser Geschichte ist knapp und gedrängt im Ablauf. Wenn sie als Wegweiser für uns dienen soll, müssen wir andere Zeitabläufe, eine andere Dauer hineindenken. Die bisherigen Erfahrungen von Tobias auf seiner Reise waren wie Momentaufnahmen dessen, was auf unserem Weg seine eigene Zeit haben muss. Kein Wunder, dass in einer Nacherzählung der Tobit-

Geschichte die Wanderschaft von Tobias und Rafael als eine Reise von vielen Monaten geschildert wird. Denn kaum jemand bewältigt in einem kurzen Erlebnis und wenigen Gesprächen die Schritte, mit denen er einem Ziel entgegenreift, in das er sich hineinentwickelt.

So können wir auch diese Stunde – mehr wird es wohl kaum gewesen sein, in der Sara im Brautgemach auf Tobias wartet, auch als Chiffre sehen, in diesem Fall für eine Phase der Besinnung, für die sich nicht nur junge Menschen ihre eigene Zeit nehmen sollten, bevor ein entscheidender neuer Abschnitt in ihrem Leben beginnt, sodass sie sich gedanklich auf all das Neue, Unbekannte ausrichten können, das nun ihre Zukunft bestimmen wird.

Eines der sinnvollsten Beispiele für solch eine Phase ist für mich die Zeit der Exerzitien, in denen sich angehende Seelsorgerinnen oder Priesterkandidaten noch einmal die Muße gönnen, um sich auf ihre Lebensaufgabe vorzubereiten und ihren Beruf und ihre Berufung zu überdenken, um sich dann mit der ganzen Fülle ihrer Lebendigkeit dort einbringen zu können, wo sie gefordert sein werden.

Solch eine Zäsur gehört in den Bereich der zahllosen Rituale, die besonders wertvoll sind durch ein Innehalten, um bewusst und in Ruhe in eine neue Lebenssituation einzutreten. Viele ähnliche Rituale zählen im weitesten Sinn zu den Initiationsriten, den Übergangsriten – von der Kindheit zur Jugend, von der Jugend zum Erwachsensein. Ein möglichst klares Bild vom Übergang gehört dazu, und auch eine heilsame Vorstellung von dem noch Unbekannten, Unvertrauten, eine positive Vision davon, wie die Zukunft sein könnte, wie sie sein sollte. Oft können wir als Freunde oder Weggefährten in solchen Übergangssituationen als hilfreiche Gesprächspartner dienen.

Für Sara werden diese ein, zwei Stunden, bis Tobias nach dem Mahl zu ihr geführt wird, wie eine jener Nahtstellen gewesen sein, an denen wir den Sinn unseres ganzen Lebens, den Weg bis zum gegenwärtigen Moment und all unsere Hoffnungen, Befürchtungen und Wünsche für die Zukunft wie unter einem Brennglas vor Augen haben. Einzelheiten können in solcher Momentaufnahme zum Symbol für eine gesamte Situation werden, für Sara hier vielleicht die Szene, wie sie von Weitem schon Tobias mit seinem Gefährten beobachtete, als sie die Straße entlang gewandert kamen, und wie dann sie diejenige war, die auf die beiden zugegangen ist, sie begrüßt, willkommen geheißen und ins Haus geführt hat.

Wie hatte Tobias sie gesehen? Hatte er erst ihre Unbefangenheit und dann ihre Unsicherheit bemerkt? Kannte er ihre Geschichte? Wird er sie in ihren Zweifeln verstehen? Wird er ihr Zögern richtig deuten? Wird er ihre Würde achten?

Sara hat den Beginn, gewissermaßen die Keimzelle einer Weggefährtenschaft vor Augen. Noch ist alles offen, und doch sieht sie in den Anfängen schon die Möglichkeiten, die sie beide gestalten können, um eine gelingende Beziehung daraus entstehen zu lassen.

Wir prägen Begegnungen allein schon durch die Art, wie wir sie aufnehmen. Vieles ist dabei durch Konventionen, Sitten und Gepflogenheiten, eben auch durch Rituale vorgeformt, die bedingt sind durch das, was in unserer Familie, unserer Kultur oder unserem Land üblich ist, genauso wie das Verhalten bei Abschieden. Ob wir uns umarmen, uns die Hand geben oder uns nur zunicken, ob wir uns „Grüß Gott" sagen oder „Guten Tag" und „Tschüss", ob wir uns mit einem Kuss rechts und links auf die Wange begrüßen und verabschieden, all das sind Rituale, die wir tagtäglich befolgen oder beantworten, ohne weiter darüber nachzudenken, Gewohnheiten, die selbstverständlich scheinen und erst irritieren, wenn wir in einen anderen Kulturkreis kommen.

Innerhalb dieser Selbstverständlichkeiten aber haben wir ständig Spielraum, unausgesprochene Signale und Botschaften auszusenden, die über uns selbst und über unser Verhältnis zum Gegenüber einiges aussagen. Das, was wir für so vorrangig halten, die Kommunikation in Worten, ist ja nur ein ganz geringer Anteil dessen, was wir miteinander austauschen.

Als Sara Tobias entgegenging, entstand in diesen Minuten schon etwas zwischen den beiden, was ihren Umgang miteinander, ihre mögliche Verbindung, ihr Zusammenspiel, ihr

Verhältnis zueinander lose skizzierte. So wenig sie wohl darauf geachtet haben mögen, Weggefährten waren sie in diesem Moment doch schon. Wie nah sich diese Weggefährtenschaft allerdings entwickeln würde, wie lange sie dauern würde, war noch offen. Oder doch nicht? Wie viel hatte Sara schon durch diese erste Begegnung begründet? Wie viel war als Möglichkeit von ihrem gemeinsamen Weg schon sichtbar? Wie sehr war dieser Weg noch durch ihre bösen Erfahrungen geprägt und durch das, was sie daraus gelernt hatte? Die sieben Brautbewerber waren ihr vom Vater zugeführt worden. Jetzt war sie selbst Tobias entgegengegangen. Vielleicht liegt schon in dieser grundsätzlich anderen Form der Hinwendung ein Schlüssel zu ihrer „Erlösung".

War sie in diesem Moment schon aus ihrer Ohnmacht herausgerückt, die sie gebannt hatte jedes Mal, wenn sie geschmäht worden war als eine vom Dämon Besessene?

Solch ein verletzendes, herabwürdigendes Selbstbild kann nicht nur aus dem Spott der Umwelt, sondern auch aus der Gewohnheit stummer Selbstgespräche entstehen, deren Stachel in einem kleinen Wort sitzt: „immer". Einer jungen Verkäuferin war ein Satz zur ständigen missbilligenden inneren Litanei geworden: „Immer bin ich so ungeschickt!" Kein Wunder, dass sie dadurch von Tag zu Tag unsicherer wurde, dass sie tatsächlich stolperte, dass ihr Dinge aus der Hand rutschten. Damit aber hatte es eines Tages ein überraschendes Ende. Sie hatte sich ein Gegenritual ausgedacht, mit dem sie das magische „immer" relativierte. Wenn dieser Satz auftauchte, sagte sie sich: „Manchmal bin ich fröhlich, manchmal wütend, manchmal bin ich geduldig, manchmal voller Liebe, manchmal bin ich klug, manchmal bin ich ungeschickt, manchmal gewandt." Durch diese Vielfalt entstand eine neue, gelassene Sicht auf sich selbst, die nicht mehr wie durch einen Trichter auf ein einziges Phänomen gerichtet blieb. Sie hatte den Kampf gegen die destruktive Selbstbotschaft gewonnen.

Als Sara jetzt im Brautgemach auf Tobias wartet, scheint es, als sei sie wieder ganz in die passive Rolle gedrängt. Wenn er aber zuließe, dass das so bliebe, würde es tödlich enden, wenn nicht für ihn, so jedenfalls für ihre Beziehung.

Als er den Raum betritt, geht er als Erstes zum Räucherbecken, um Herz und Leber des Fisches zu verbrennen. Wenn wir uns daran erinnern, dass das Herz schon immer als Ort der Liebe galt und – zumindest in der damaligen Zeit – die Leber als Sitz der Gefühle, ist dieses Ritual verstehbar. Im symbolischen und übertragenen Sinn bedeutete es wohl, dass das grobe Begehren, dass die derben Emotionen, in eine mitmenschliche, feinere, freundlichere, sublimierte Form transformiert werden, verwandelt in Verstehen und Achtung und Zärtlichkeit. So schlägt das Böse, das Unangemessene und Gewalttätige, die Missachtung und Achtungslosigkeit in dem Prozess des Verbrennens durch seinen üblen Geruch den Dämon in die Flucht. Fridolin Stier spricht vom „Ja-aber-Dämon". So einer mag es hier gewesen sein, ein Dämon, der jedes Ja unmöglich machte.

Ich kenne ihn als vergiftenden, behindernden, fesselnden Feind in vielen Menschen, einen inneren Widersacher, der mit listigen Gegenargumenten hantiert, um Entscheidungen und jedes Ja zum Leben, zur Lebendigkeit, zur fröhlichen Entwicklung, auf perfide Weise zu unterbinden. Eine junge Frau nannte ihn den „Zweifel-Teufel". Sie hat ihn gemalt, sehr eindrucksvoll, hässlich und hinterhältig, und dann hat sie ihn mit Genuss verbrannt. Ich sage bewusst: „ihn", denn offenbar hat sie mit diesem Ritual – nichts anderes war es – nicht nur das Bild, sondern den inneren Widersacher gleich mit zerstört und ausgetilgt.

Das Wichtigste im Vorfeld einer solchen Aktion ist, mit sich zurate gegangen zu sein, um zu erkennen, dass da etwas schädlich ist und grundlegend und endgültig geändert werden muss. Dann die Einigkeit mit sich selbst, die hinter dem Entschluss steht, also das, was Nikolaus von Kues beschreibt: „Herr, du sagst: sei du dein, so werde ich dein sein. Du hast es zur Sache meiner Freiheit gemacht, dass ich mein sein kann." Um ich selbst sein zu können, bedarf es manchmal der klaren Entscheidung, etwas, was unheilvoll ist, aus meinem Leben auszumerzen. Nicht anders ist sicher das zu verstehen, was Tobias in diesem Ritual nicht nur für sich selbst tut und für Sara, sondern vor allem für den heilen, guten Beginn ihrer Beziehung, indem er den Dämon vertreibt, der übrigens, wie es heißt, bis in die hinterste Ecke Ägyptens flieht und dort vom Engel gebunden wird. Offenbar ist es die Funktion von Rafael hier, dafür zu sorgen, dass der Dämon da bleibt, wo er hingehört, sozusagen „dort, wo der Pfeffer wächst". Wir können als Weggefährten manchmal diese Funktion übernehmen dadurch, dass wir verlässliche Zeugen sind. Niemand außer Rafael wusste ja von diesem Ritual. Und sein Mit-Wissen war wichtig, nicht nur durch die Tatsache, dass er es war, der zu dieser befreienden Aktion geraten hatte, sondern auch dadurch, dass er sie in der Realität verankerte. Wenn immer wir einen solch entscheidenden Schritt gegangen sind, der eine Situation vielleicht nicht einmal sichtbar, sondern eher in ihrer Essenz ausschlaggebend verändert hat, können danach oder in späterer Zukunft Zweifel aufkommen, ob da wirklich etwas geschehen ist oder ob alles nur Einbildung war. Gut ist es dann, wenn Weggefährten als Zeugen abrufbar bleiben. Sie sind die Beweisträger für die unzweifelhafte Wirklichkeit und den Wert des Wandels.

Es gibt ihn nicht nur als einen einzigen Anteil, diesen Dämon, der mit seinem „Ja, aber..." gelingendes Leben blockiert. Er tritt oft auch zu zweit oder zu mehreren auf, wenn sich unsere inneren Stimmen, unsere eigenen Meinungen und Ansichten ständig ins Wort fallen und uns solchermaßen listig daran hindern, unser Leben entschieden und in Freiheit zu gestalten. Entscheidungen werden dann erst möglich, wenn wir tatsächlich das eine vom anderen scheiden, und dafür ist es hilfreich, wenn jemand neben uns ist, der erst einmal die widerstreitenden Stimmen eine nach der anderen unterstützt, sodass sie nacheinander zu Wort kommen, einander zuhören, sich gelten lassen und so schließlich zu einer Einigung – meist einem Kompromiss kommen. Ein Beispiel dafür ist die Hausfrau und Mutter, die ihre Kreativität, ihre Professionalität im erlernten Beruf für Jahre auf die Seite schob, um ganz für die Familie da zu sein. Lustlosigkeit und Frustration nahmen von Jahr zu Jahr zu, und das Einerseits-Andererseits war ständige Reibungsfläche: „Einerseits muss ich doch ganz für die meinen da sein, und ich tue das ja auch gern. Andererseits lebe ich einen wichtigen Anteil von mir überhaupt nicht mehr. Da ist solch ein kostbarer Schatz von Fähigkeiten und Fertigkeiten, die verrotten, weil sie keinen Platz in meinem Leben haben." Kaum wandte sie sich der einen Hinsicht zu, kam schon das „Ja, aber" aus der anderen Ecke. Nachdem die beiden Seiten, die bisher wie ein zerstrittenes Paar unfähig zur Kommunikation waren, nun zum ersten Mal in einen geordneten Dialog kamen, wurde deutlich, wie beide Sehnsüchte durchaus vereinbar wären. Es war eigentlich schließlich nur eine Frage der Absprache: „Wie viel Prozent der Zeit handeln wir für die Familie, wie viel für den geliebten Beruf aus, und wie ist das zu organisieren?" Dabei wurden die zeitlichen Lücken dadurch geschaffen, dass sie Tätigkeiten wie Putzen und Wäschewaschen, also Dinge, bei denen sie nicht direkt für ihre Familie da sein musste, an eine Haushaltshilfe delegierte. Das Geld dafür hatte sie aus dem in Teilzeit wieder aufgenommenen Beruf. Mit den Kindern zu spielen, ihre Hausaufgaben zu überwachen, mit der Familie zu essen, zu reden, zu feiern und kleine Ausflüge zu unternehmen, war das, was sie auf keinen Fall aufgeben wollte, und das war auch nicht nötig. Der gut ausgehandelte Kompromiss war dann so selbstverständlich, dass sie sich wunderte, wie lange diese beiden Anteile sie mit nörgelnder Dauerkritik und dem ständigen „Ja, aber…" blockieren konnten.

So wird es möglich, durch eine einmalige Aktion, oder dadurch, dass wir uns auf ähnliche Weise immer wieder einmal dem Entscheiden widmen, Dämonen aus dem Feld zu schlagen, oder sie zuweilen auch zu zähmen und zu dienstbaren Geistern zu machen, indem wir ihnen ihren Platz zuweisen.

Manchmal ist es notwendig, nicht nur den Dämonen, sondern auch den Menschen in unserem Leben ihren rechten Platz zuzuweisen, und dafür wiederum kann eine Art Ritual von Nutzen sein. Ich erinnere mich dabei an eine junge Frau, die sich durch ihre Familie eingeengt und emotional unterdrückt und zudem noch nirgends genügend unterstützt fühlte. Familie war hier sehr weit gefasst, denn da spielten Verstorbene auch noch eine gehörige – oder auch ungehörige Rolle in diesem Beziehungsgeflecht, das sie krank und bedrückt machte. Wir sind zusammen auf den Friedhof gegangen, – und der Wortanteil „Friede" in diesem Begriff wurde symptomatisch für die Stunde, die wir dort verbrachten. Es war ausgerechnet einer dieser kalten, nebelverhangenen Novembertage, an denen es nicht so recht hell werden will. Für Klärungen vielleicht nicht gerade das richtige Wetter. Aber nun waren wir schon mal da. Sie führte mich zu dem Grab ihrer Großeltern. Nicht weit davon war das ihrer Tante und auch ein Gedenkstein für den im Krieg ganz jung gefallenen Patenonkel. Drei Gräberzeilen weiter war die andere Großmutter beerdigt. Ich fragte sie, wohin sie sich stellen möchte, sodass sie zu allen die Position einnimmt, die stimmig ist, die ihr gut tut, die genau die Nähe oder Distanz zu den Einzelnen hat, in der sie sich wohlfühlt. Sie zögerte nicht lange und war rasch ganz sicher, wo sie stehen wollte, sagte aber dann: „Die zweite Großmutter wünsche ich mir eigentlich viel weiter weg. Dort hinter die Glashäuser. Sie redet mir sonst immer noch überall rein!" Ich meinte nur, so sei es offenbar richtig. Nachdem sie nun schon einmal begonnen hatte, stimmige Platzierungen zu finden, kamen die Lebenden auch noch dran. Die Mutter, der Vater, der Bruder, der Großvater. Die Entfernung, die sie nicht nur zu ihr selbst, sondern auch untereinander hatten, war wichtig. Zum Teil bekamen sie ihre Position in der Nähe eines Verstorbenen, der sie unterstützen oder beraten oder vielleicht auch für sie beten könnte. Das alles war eine sehr stille, intensive, besonnene und von Wohlwollen getragene Arbeit. Dieses Wohlwollen erstreckte sich durchaus auch auf diejenigen, zu denen sie bisher viel Spannung, Unfrieden oder Bedrängnis gefühlt hatte, und zwar in dem Moment, in dem sie sie aus ihrer unmittelbaren Nähe genau dort hin versetzt hatte, wo sie für ihre Beziehung hingehörten. Mit großer Befriedigung schaute sie um sich, selbstsicher und ruhig. Mit einem tiefen Aufatmen verabschiedete sie sich aus der Szene, und wir verließen schweigend den Friedhof.

Mit diesem klärenden, ordnenden Ritual hatte sie ihre Stellung, ihre Rolle und ihre Funktion innerhalb der Familie gefunden und behielt sie vor Augen. Viel in ihrem Leben hat sich von diesem Tag an zum Guten verändert, und die Wirkung hielt an.

Was in der Geschichte von Sara und Tobias nun folgt, ist von ganz besonderer Bedeutung. Es ist das Erste und in diesem Zusammenhang sicher das Wichtigste, was die beiden zusammen tun, und es wird zur Grundlage für das Verhältnis zueinander und die Einstimmung ins Miteinander. Tobias bittet Sara, die so, wie es von ihr erwartet wird, auf dem Brautbett liegt, sich zu erheben, damit sie miteinander beten. Dadurch wird deutlich, wie sehr er sie respektiert und wie hoch er die Würde ihrer Verbindung achtet. Sie bitten Gott, dass er sie behüten wolle. Tobias aber ist es außerdem wichtig, in diesem Moment vor Sara und vor Gott zu bekräftigen: „Du weißt, Herr, ich nehme diese, meine Schwester nicht nur aus reiner Lust, sondern aus wahrer Liebe." Dies ist der Moment für Sara, um in Selbstsicherheit und Vertrauen alle Zweifel und alle Abwehr loszulassen und sich für die Lebendigkeit und die Liebe zu entscheiden. Sie ist sicher, Tobias sieht sie nicht als die reiche Erbin, sondern als die Frau, die er liebt und achtet. Gemeinsam und voller Zuversicht bitten sie Gott um die Gnade, dass sie miteinander ein hohes Alter erlangen mögen und sagen zusammen ihr Amen. „Und beide schliefen die Nacht über miteinander."

Hätte Raguel vom sinnvollen, heilsamen Beginn dieser Ehe gewusst, er hätte nicht mitten in der Nacht die Anweisung gegeben, seine Knechte mögen schon einmal heimlich im Garten ein Grab ausheben. Und er hätte auch nicht eine Magd vorschicken müssen, die am Morgen nachschauen sollte, ob der junge Tobias noch am Leben sei. Als die Magd dann aber mit der guten Nachricht zurückkommt, dass sie das Brautpaar friedlich schlafend angetroffen habe, ist Raguel außer sich vor Erleichterung. Er dankt Gott und gibt gleich Anweisung, das Grab im Garten schleunigst wieder zuzuschütten. Dann werden Rinder und Schafe geschlachtet, ein großes Mahl wird hergerichtet, Freunde und Nachbarn eingeladen und ein großes Hochzeitsfest gefeiert, das, wie es heißt, vierzehn Tage dauerte.

Selbstständigkeit

Verantwortlich leben

Wie schon bei seiner sehr selbstbewussten, klaren Entscheidung für Sara und bei seiner Brautwerbung, an der Raguels Vorbehalte abprallen mussten, so handelt Tobias auch jetzt, angesichts des großen Festes, überlegt und umsichtig. Mitten in all der Freude an seiner Verbindung mit Sara, mitten im fröhlichen Feiern, ist ihm auch bewusst, dass seine Eltern inzwischen die Tage bis zu seiner Rückkehr zählen. Da sie glauben, er sei schnurstracks zu Gabael gereist, um das Geld zu holen, würden sie ihn nun bald zurückerwarten. Kurzentschlossen bittet er Rafael, mit einem Knecht und zwei Kamelen weiterzureisen nach Medien, um das Geld zu holen und Gabael gleich mitzubringen, damit er das Glück des jungen Paares teilen und mit allen zusammen feiern kann.

Eines der sicheren Zeichen für Reife ist es, wenn wir nicht mehr nur die Anweisungen unserer Eltern, unserer Lehrer ausführen, sondern eigenverantwortliche Entscheidungen treffen. Dazu gehört auch, dass wir fähig sind, zur rechten Zeit die rechten Dinge zu delegieren. Diejenigen, die meinen, sie müssten alles allein machen, sonst würde ja doch nichts so wie es sein soll, haben versäumt, sich auf eine Stufe des Erwachsenwerdens zu wagen, auf der sie fähig sind, bewusst die eigene Verantwortung mit anderen zu teilen. Um für solch ein Verantwortung-Teilen die richtigen Zuordnungen zu treffen, muss im Vorfeld klar sein, welche Maßstäbe ich anlege, was vorrangig ist und was nachrangig, was ich also besser selbst in der Hand behalten

sollte, und was ein anderer übernehmen kann, um es ebenso gut auszuführen, vielleicht sogar kompetenter als ich.

Maßstäbe im rein Praktischen sind dabei ebenso wichtig wie die Wert-Skala, die wir zu Grunde legen, um unserer Persönlichkeit, unseren Anlagen gemäß zu leben und zu handeln. Es lohnt sich, dafür einmal eine Liste aufzustellen, in der wir auf der einen Seite die Dinge aufzählen, die uns absolut wichtig sind: Freiheit, Gesundheit, Sicherheit, geistiges Wachstum, Liebe, Gemeinschaft, Kompetenz, Erfolg, und so weiter, – und auf der Negativ-Seite das, was wir unbedingt aus unserem Leben heraushalten wollen, vielleicht Misserfolg, Machtlosigkeit, Isolation, Versagen, Schmerz, Sinnlosigkeit, Bedrohung, – was auch immer. Wir erfahren eine ganze Menge über unsere grundsätzlichen Bedürfnisse, wenn wir uns die Mühe machen, dies nicht nur anzuschauen, sondern auch in eine Rangfolge zu bringen. Wenn dann Dinge auftauchen, die einander widersprechen, wird es spannend. Abenteuer und auch Sicherheit auf ein und derselben Seite? Das wird sich gegenseitig immer in die Quere kommen. Oder steht auf der Positiv-Seite der Wunsch nach Wachstum, auf der Negativ-Seite aber Angst vor Hilflosigkeit und Versagen? Dann wird es schwierig, denn Lernen und Wachstum sind immer auch mit Versagen, mit Stolpern und zeitweise meist auch mit Hilflosigkeit verbunden. Jeder Stabhochspringer weiß, dass er oft und oft die Latte reißen wird, wenn er eine neue Technik entwickelt, um besser und höher zu springen.

Tobias ist in seiner Identität sicherer geworden durch einen Reifeprozess im guten Spannungsfeld zwischen der Orientierung am Bewährten und der Offenheit fürs Neue. Das Bewusstsein dessen, was ihm an Werten vorrangig ist, gibt ihm die klare Entscheidung, eine wichtige Sache einer anderen unterzuordnen und zu delegieren. Tobias weiß, dass sein Platz erst einmal an der Seite seiner jungen Frau ist, um durch seine Nähe die letzten Schatten der schmerzhaften Erlebnisse zu vertreiben, die Sara noch belasten könnten. Eine Hochzeitsfeier kann man außerdem nicht so leicht irgendwann einmal nachholen. Jetzt ist die Zeit dafür. Er selbst ist mit seiner jungen Frau dabei unersetzlich. Das Geld aber kann ein vertrauenswürdiger Freund ebenso gut holen wie er selbst.

Am Beispiel von Rafael wird nun wiederum deutlich, welcher Prüfstein grundlegend ist, wenn wir überlegen, ob wir als Freunde eine angetragene Aufgabe übernehmen wollen oder nicht. Auch hier ist ein Abwägen der Werte notwendig. Rafael zögert nicht, der Bitte von Tobias nachzukommen. Für ihn werden keine eigenen Belange durchkreuzt, im Gegenteil, er dient auf diese Weise seinem Auftrag. Davon abgesehen fühlt es sich einfach gut an, für einen anderen etwas zu übernehmen, um ihm den Rücken frei zu halten für das, was seinem Weg, seiner Bestimmung förderlich ist, Zeit und Platz zu schaffen für etwas, das für ihn einmalig und unwiederholbar wichtig ist. Ein Freundesdienst, ein Engel-Dienst?

Auch später, als Rafael mit Gabael und mit dem Geld zurückgekommen ist, handelt Tobias sehr klar und entschieden. Saras Vater hätte ihn – und vor allem die Tochter – nur zu gern da behalten. Er sagt: „Bleib noch bei uns, ich kann doch jemanden zu deinem Vater schicken, um ihm zu sagen, dass es dir gut geht", und mit vielen Worten setzt er alles daran, Tobias zum Bleiben zu überreden.

Tobias aber hat bereits einen Weg zurückgelegt, der auch ein wesentlicher Weg des Individuationsprozesses war, einen Weg, auf dem er mit der Hilfe seines Freundes Rafael sich seiner selbst bewusst wurde mit seiner ganz eigenen Lebensaufgabe, seinen Lebenszielen, in seiner Einzigartigkeit. Er hat gelernt, seiner Bestimmung, seiner Lebensausrichtung zu trauen. Das zeigt sich jetzt sehr deutlich darin, wie er auf den Druck und die Erwartungen von außen reagiert.

Viele Menschen, die ich begleitet habe, waren oft hilflos gerade darin, wie sie auf ausgesprochene oder unausgesprochene Forderungen, auf sanfte Erpressung oder „moralischen" Druck reagierten. Sie spürten wohl vage ihre Abhängigkeit von Lob und Tadel der anderen, ihre ewig passive Rolle, ihre sofortige Bereitschaft sich anzupassen oder unterzuordnen, fühlten sich dahinter vielleicht als ewig zu kurz gekommen und verhielten sich schon gewohnheitsmäßig als Opfer oder schlimmstenfalls als ohnmächtige Märtyrer. Dahinter stand meist eine tiefe Sehnsucht nach Liebe und Anerkennung, die, wie sie meinten, nur durch Willfährigkeit zu erlangen wäre und dadurch, dass sie den Wünschen der anderen nachkämen – oder besser noch zuvorkämen.

Ein junges Mädchen stellte einmal ihre Haltung übertrieben, fast karikiert dar, als sie schilderte, wie sehr sie darauf aus sei, den anderen zu gefallen, es ihnen recht zu machen, von ihnen anerkannt zu werden. Dabei machte sie sich klein, schaute mich bettelnd von unten her an, hielt die Luft an und machte den Eindruck, als erwarte sie ohnehin nichts Gutes. Als ihr diese Haltung, die sie probeweise in solch übertriebener Weise eingenommen hatte, unerträglich wurde, richtete sie sich auf, holte tief Luft und sagte: „Jetzt merke ich erst, wie ich mich zum Hündchen und zum Putzlappen mache. Wer kann so jemanden schon lieben oder gar achten?" Als sie sich dessen bewusst war, überwältigte sie erst die Trauer darüber, dass sie es so lange Zeit sich selbst, aber auch ihrer Umwelt fast unmöglich gemacht hatte, ihre eigentliche Größe leben und erleben zu können. Zaghaft erst, dann mehr und mehr in neuem Selbstbewusstsein, versuchte sie, eine Haltung auszuprobieren, die einem anderen Selbstbild entsprechen würde, dem einer Frau, die Herrin im eigenen Reich ist, die souverän und eigenverantwortlich handelt, und die selbst Nähe oder Distanz zu ihrem Gegenüber bestimmt. Als sie sich dann im Spiegelbild begegnete, war sie erstaunt, wie augenfällig, wie selbstverständlich es war, dass man dieser Frau fraglos Achtung entgegenbringen muss. Noch einmal versuchte sie, in die alte Haltung zu gehen, klein, abhängig, unterwürfig. Sie schüttelte den Kopf, als verstünde sie sich selbst nicht mehr, und rasch genug, mit einem erleichterten Aufatmen, verwandelte sie sich wieder in die noch ungewohnte aber stimmige Gestalt.

Sicher war damit ihre alte Lebensweise nicht auf einen Schlag verändert, es bedurfte noch der gründlichen Integration dessen, was sie erkannt hatte. In der Übergangszeit half sie sich mit „Probehandeln", sie verhielt sich so, als sei sie bereits die souveräne Frau, die sie ja im Grunde auch war, und dieser entscheidende Anfang war nicht mehr rückgängig zu machen, er wirkte intensiv hinein in einen kontinuierlichen Prozess des Herausreifens aus allen Abhängigkeiten.

Wie so oft, ist die Rolle der Weggefährtin bei solch einem Entwicklungsschritt mehr oder weniger auf ein anregendes oder zustimmendes Dabei-Sein beschränkt, vielleicht auch darauf, das, was an Veränderung geschieht, mit Staunen und Bewunderung wahrzunehmen, – oder mit dem befreienden Lachen, das die Erkenntnis der Absurdität alter Eigenheiten auslöst. Es scheint wenig, was wir dabei als Begleiter zu tun haben, ist aber doch entscheidend. Denn es ist schwierig, fast unmöglich, sich selbst allein auf die Schliche zu kommen da, wo ungute Lebensmuster zu jahrelanger Gewohnheit, zu einem Teil der eigenen Persönlichkeit geworden sind.

Ermutigend auf dem Weg zur Selbstständigkeit und Eigenverantwortlichkeit sind die Vorbilder, nach denen wir uns richten können. Dabei kommt uns in unserer Zeit etwas in die Quere, was es in dieser drastischen Form früher so nicht gegeben hat: die Ausrichtung auf alles, was Jugend, Fitness und Schönheit bedeutet. Wenn andere auf Grund eben dieser Eigenschaften meine Vorbilder sind und bleiben, gerate ich unweigerlich in ein Rennen, das ich verlieren muss. Besser ist es, diese Eigenschaften zu genießen und zu pflegen so lange ich sie habe, daneben oder davor aber diejenigen zu schätzen, die davon unabhängig sind. Dafür ein Vorbild – oder besser noch: viele Vorbilder zu haben, kann von großer Hilfe sein, vor allem auf der Strecke, die ins fröhliche und sinnerfüllte Älterwerden münden soll. Sonst ist jeder Fortschritt in die Reife nur mit einem Zerrbild, einem Schreckensbild, mit etwas absolut nicht Erstrebenswertem verknüpft. Solche Vorbilder gehören für mich durchaus auch zu den wegbegleitenden Engeln, es scheint nur nicht allzu viele zu geben. Oder erkennen wir sie nur nicht? Vielleicht weil dieses „Endziel" von jung, schön und fit sie uns verstellt? Ich selbst habe als Kind schon immer Ausschau gehalten nach vergnügten weisen alten Damen, und ich habe einige entdeckt. Mit den

Augen des Kindes ist das leichter. Da sind noch die vielen Vorurteile und starren Vorverständnisse nicht im Weg. Tobit hätte
ich als Kind vielleicht als Vorbild gesehen in seiner Hilfsbereitschaft, seiner Frömmigkeit. Seine Starrheit und Blindheit hätte
ich wahrscheinlich einfach nur als traurig empfunden, nicht
aber als etwas, das die ganze Persönlichkeit ausmacht. Hanna
hätte ich vielleicht auch zu einer meiner weisen alten Damen
– vielleicht nicht gerade zu einer vergnügten – erkoren. Ich hätte
sie in ihrer Kraft und Wärme gesehen und mit ihr Mitleid gehabt
da, wo sie verletzlich ist. Kinder sind nicht so schnell bereit
zu urteilen und abzuurteilen. Deshalb finden sie auch leichter
noch ihre Heroen und Vorbilder, denen sie in all dem nacheifern was sie als heil und stark erkennen, nacheifern. Wenn wir
Erwachsene aber für uns selbst zu wenig Beispiele wissen, was
hindert uns daran, es uns als Ziel zu setzen, selbst solch ein
ermutigendes Vorbild zu sein oder zu werden? Für mich gehört
das zu den erfrischendsten Facetten des Hineinwachsens in die
Verantwortlichkeit.

Erwachsen und eigenverantwortlich zu handeln, kann auf
vielerlei Weise gehemmt oder verhindert sein. Abhängigkeiten
sind, wie wir gesehen haben, eine häufige Ursache. Eine andere,
die lähmt und unfrei macht, hat ihren Grund oft in einer besonderen Art von Ängsten. In unserer Geschichte finden wir diese
nicht bei Tobias, sondern bei Hanna, seiner Mutter.

Als Tobias nicht zu der vorgesehenen Zeit zurückkommt, sagt
sie: „Unserem Sohn ist etwas zugestoßen." Alles ist ihr gleichgültig
geworden, nur noch dieser eine Gedanke beherrscht sie. Als ihr
Mann versucht, sie zu beruhigen und sagt, sie solle sich nicht
sorgen, Tobias wäre sicher nichts geschehen, er habe doch auch
einen zuverlässigen Gefährten bei sich, will sie davon nichts
hören: „Schweig, du kannst mich nicht täuschen!" fährt sie ihn
an und läuft weiter jeden Tag hinaus zu der Straße, auf der Tobias
fortgezogen war. Sie beweint ihren Sohn, isst nichts mehr, und in
den Nächten hört sie nicht auf zu klagen: „Ach, mein Sohn, ach,
mein Sohn, warum haben wir dich nur gehen lassen!"

Was kann noch helfen, wenn wir von tausend Befürchtungen und Schreckensvisionen heimgesucht werden, wenn wir gefangen sind in einer Spirale irrationaler Ängste, die sich vor die Realität stellen? Wenn wir selbst den Terror in unsere Seele einlassen mit vorweggenommenen Schreckensbildern und Horrorszenarien, mit denen wir vor dem inneren Auge eine hoffnungslose, trostlose Zukunft aufbauen? Im Umfeld der Terroranschläge auf New York schienen viele von uns in solch einem unguten Kreislauf verfangen. Immer wieder wurden mit Schaudern ein und dieselben Schreckensbilder im Fernsehen angeschaut, und in Gedanken und Gesprächen war der Blick gebannt auf dieses und jenes Damoklesschwert gerichtet, das im nächsten Moment herniedersausen könnte. All die grauenhaften Möglichkeiten wurden diskutiert und erwogen, die jetzt als Nächstes über die Welt hereinbrechen könnten. Das, was eine Absicht der Terroristen ist: Panik zu verbreiten, Angst und Kopflosigkeit, Entsetzen, Spannungen und Verunsicherung, wurde dadurch noch zusätzlich in die Tat umgesetzt.

Wenn wir all dem Raum geben, sind wir schlecht beraten, gerade in den Zeiten, in denen wir damit leben müssen, dass wir eine bedrohliche Situation nicht direkt beeinflussen können. Wichtig wäre es dann, den Blick zu öffnen, um nicht wie durch einen Tunnel immer nur auf das, was eventuell über uns hereinbrechen könnte, zu schauen, sondern daneben die Möglichkeiten zu entdecken, die jetzt mehr denn je unsere Aufgabe sind: Das unsere zu tun, um in uns selbst und in den Menschen, die uns anvertraut sind, Kräfte zu stärken, die durch Ängste und Panik zu schwinden drohen. Zuversicht und Gottvertrauen zu leben in einer Zeit, die vielleicht nicht einmal unsicherer ist als die vorherige, die uns nur das Bewusstsein aufgedrängt hat: Wir sind bedrohte, endliche Wesen. Dieses Bewusstsein hätten wir vorher auch schon haben können. Wir haben es nur verdrängt. Und all das Schöne, Kostbare, Reiche der vergangenen Zeit hatten wir sozusagen „trotzdem" geschaffen und gelebt. Haben wir nicht gerade in einer solchen Situation Anlass und allen Grund zu solch einem „Trotzdem"?

Das heißt natürlich nicht, dass wir uns in ein Tal der Unwissenheit zurückziehen sollten. Informiert zu sein, ist wichtig, auch um unserer Verantwortung gemäß leben und handeln zu können. Nur ist es unproduktiv und ungesund, sich stündlich die Nachrichten anzuhören oder anzuschauen, womöglich noch als Letztes vor dem Schlafengehen, sodass sie in der Nacht unser Unterbewusstsein und unsere Träume beherrschen. Vielleicht gehört zur gesunden Beantwortung der Flut von Informationen, der wir ausgesetzt sind, eine gewisse Disziplin, vielleicht auch eine Art Ritual, wie das, das ich mir in der Zeit des Golfkrieges angewöhnt habe: Ich hörte morgens, während ich auf dem Trimmrad saß, Nachrichten, und trampelte alle Hilflosigkeit, allen Frust und alle Ängste in die Pedale. Diese Gewohnheit habe ich bis heute beibehalten. Gut informiert zu sein, ist eines, den Horror durch eigene Phantasien zu vermehren, etwas anderes, und schlichtweg alles Bedrohliche zu verdrängen, ist sicher wenig sinnreich.

Um es gemeinsam mit der Ungewissheit aufzunehmen, hätten sich die beiden, Tobit und Hanna, in der Mitte treffen können, zwischen den Strategien des Verdrängens, dem: „Es wird schon nichts geschehen sein" und der vorweggenommenen Trauer. Sie hätten sich dort begegnen und zusammensetzen können, wo sie einander hilfreich gewesen wären, um ihr Leben gerade in der Verunsicherung sinnvoll zu gestalten. Aber Tobit war wohl in des Wortes zweifacher Bedeutung noch nicht fähig oder bereit, zu sehen. Und Hanna fühlte sich allein gelassen, ebenfalls in des Wortes vielfältigster Bedeutung.

Sara ist aus ihrer früheren Hilflosigkeit gerade durch die Bewältigung ihrer Bedrängnisse herausgereift, und mit ihr Tobias. Mit den Energien und Einsichten, die er auf dem Weg gewonnen hat, ist er nun bereit, seinen eigenen Lebensplan, eigene, neue Lebensziele zu verwirklichen, ohne den ursprünglichen Auftrag, den er von seinem Vater übernommen hatte, außer Acht zu lassen. Gerade jetzt, in der „Hoch-Zeit" der beiden, wird es möglich, dass sie in die Lebensfülle hineinreifen, die den Reichtum der Beziehung zueinander, aber auch zu ihren Nächsten ausmacht.

Freude

Das Leben feiern

Dies ist nun ein guter Moment, um innezuhalten und uns umzuschauen in den vielen Festen, die in dieser Geschichte gefeiert werden.

Tobit ist sein Leben lang immer wieder zu den Festen nach Jerusalem gezogen, brachte Feldfrüchte mit und Wolle von den Schafen, Oliven, Korn und Granatäpfel als Zehnten. Das war damals so etwas wie eine Kirchensteuer, denn die Priester und Leviten lebten von diesen Gaben. Wenn wir es uns bildhaft vorstellen, dann muss es auch so etwas wie ein Ernte-Dank gewesen sein, der den Gläubigen ihren Reichtum vor Augen führte. Ein Grund zum Feiern.

Das bringt mich in Gedanken zu einem neunjährigen Jungen, der mich das rechte Feiern gelehrt hat. Er war sicher auch so eine Art Engel für mich. Krishna bin ich Ende der sechziger Jahre in Nepal begegnet, damals, als es noch keine Hotels und keinen Tourismus dort gab und ein Visum schwer zu bekommen war. Krishna war Waise, hatte ein paar Jahre in einem Kloster gelebt und dort auch ein wenig Englisch gelernt. Er hatte sich mir zugesellt, tauchte ab und zu auf, begleitete mich auf meinen Erkundungsgängen und erklärte mir seine Welt in einem bunten Gemisch aus Göttersagen, Märchen, eigenen Erlebnissen und Versatzstücken aus dem, was er im buddhistischen Kloster aufgeschnappt hatte. Eines Tages sagte er: „Next Friday is my birthday." Ich fragte ihn, was er sich denn zum Geburtstag wünsche, und er meinte, er möchte, dass ich den ganzen Tag mit ihm verbringe. „Natürlich," sagte ich, „gern, aber was wünschst du dir?" Und da kam Lektion eins: „Dass du den ganzen Tag mit mir zusammen bist!" wiederholte er, und als ich westlich-begriffsstutzig blieb und fragte, was ich ihm kaufen solle, war er eher unwillig und ließ sich schließlich darauf ein, dass wir für ihn ein kleines Englisch-Buch besorgten. Aber das war ihm unwichtig. Wichtig war etwas anderes. Er schlief in der Nacht zum Freitag vor meiner Tür, um sicher zu sein, dass seine eigentliche Bitte in Erfüllung ging. Ich entdeckte das erst, als er mich sehr früh am Morgen weckte. Und nun feierten wir Geburtstag, wie ich es nie vorher und nie später erlebt habe. Erst ging es quer durch die Stadt auf die andere Seite, wo es die frischesten Blumen gab. Der Blumenhändler, offenbar einer von Krishnas zahllosen Freunden, schenkte uns zwei wunderschöne Girlanden. Krishna bekam die eine, die andere legte er mir feierlich um den Hals. Ein paar Blumen kamen auch in eine der Mulden in seinem kleinen Messingtablett, das er den ganzen Tag mit sich trug. Da hinein sammelte er nun in den nächsten Stunden sorgfältig die Dinge, die ihm kostbar und nahrhaft waren. Erst Farben – einen roten Klecks malte er sich selbst, einen mir auf die Stirn. Dann wurde es auf dem Tablett noch bunter: Etwas Reis kam dazu, ein wenig von den schönsten und frischesten Gemüsesorten und allerlei Früchte. Und jetzt ging es kreuz und quer durch die Stadt, um diese Gaben mit seinen Freunden zu teilen. Freunde, das waren ein Greis an der Straße, eine junge Mutter mit ihrem Baby, zwei Handwerker bei der Arbeit, drei alte Frauen, die beieinander saßen, eine ganze Familie in einem Hinterhof, und noch viele andere, die zu seiner Welt gehörten, – und Gottheiten. Alle bekamen ein wenig von seinen Schätzen ab. Den Götterstatuen am Weg – nicht allen, er hatte offenbar seine Favoriten – warf er Farben, Blumen und Früchte strahlend zu. Mir war plötzlich klar, warum einige dieser Figuren immer so beschmiert aussahen. Nirgends verweilte er lange, überall feierte er begeistert seine Freude darüber, dass es ihn gab auf dieser schönen Welt, die ihn mit so kostbaren Dingen beschenkte, und darüber, dass er Freunde hatte, die diese Freude mit ihm teilten, und dass Gott, oder die Götter, Anteil hatten an seinem Reichtum.

An diesem Tag habe ich verstanden, was es heißt, zu feiern, nämlich erst einmal, sich dessen bewusst zu sein, was als Idee über allem steht, hier also das Glück, geboren zu sein. Dann, ganz wichtig, mit all denen zusammen zu sein, die mit uns die Freude teilen. Und schließlich der Dank, über den aktuellen Anlass hinaus, für all den Reichtum, mit dem uns der Schöpfer beschenkt hat, ein Dank, dem wir im Genießen, im Teilen und Mitteilen Ausdruck verleihen. So einfach.

Ganz ähnlich war es immer gewesen, wenn Tobit mit seinen Glaubensbrüdern und seiner Familie das Pfingstfest feierte. Pfingsten, das war im alten Judentum eines der drei Jahresfeste, die alle drei ursprünglich Erntedankfeste gewesen waren: das Paschafest zu Beginn der Gerstenernte, das Pfingstfest sieben Wochen später zu Beginn der Weizenernte, und das Laubhüttenfest zu Beginn der Obst- und Weinernte. Das Pfingstmahl, an dem Tobit an jenem schicksalhaften Tag nicht teilnehmen wollte, hätte genau diesen Abschluss des Festes gebildet, um gemeinsam im Genießen und Teilen dem Schöpfer Dank zu sagen für die Früchte der Erde.

Das nächste Fest in unserer Geschichte ist der Empfang für Tobias und Rafael im Hause Raguels. Es war in dieser Zeit etwas ganz Natürliches, fast Alltägliches, die Gastfreundschaft zu feiern. Gastfreundschaft, so selbstverständlich wie ich sie auf meinen Reisen auch in anderen Ländern immer wieder mit einer gewissen Beschämung erfahren habe. Beschämt nämlich war ich beim Vergleich mit einer ähnlichen Situation in meinem eigenen Land. Immer war mir dann bewusst, wie viel wir in unserer Kultur zu lernen haben, wenn es um rechte Gastfreundschaft geht.

Tobias und Rafael wird ein herzlicher Empfang bereitet. Sie bekommen Gelegenheit, sich zu waschen und zu baden, und dann werden sie an den reich gedeckten Tisch gebeten. Mit einiger Verzögerung durch dieses Hin und Her, das Tobias ausgelöst hatte durch seinen Wunsch, erst zu essen, wenn ihm Sara zur

Frau versprochen wird, heißt es nun: „Und sie lobten Gott und hielten Mahlzeit." Wieder also der Lobpreis und das Genießen als Teile des Feierns bei diesem Willkommensfest.

Wenig später wird dann zwei Wochen lang Hochzeit gefeiert. Rafael sagt nicht: „Tobias, wie kannst du feiern, wo es doch deinem Vater so schlecht geht und deine Glaubensbrüder in Ninive Willkür und Ungerechtigkeit ertragen müssen!" Im Gegenteil, dadurch, dass er den Auftrag übernimmt, zu Gabael zu reisen, schenkt er Tobias die Zeit zum Feiern.

Wie können wir genießen und fröhlich sein angesichts von so viel Leid in unserer Welt? Oder, wie eine junge Mutter meinte: „Wie kann ich es mir gut gehen lassen, wo meine eigene Mutter so krank und traurig ist?" Ich fragte sie, wie es ihrer Familie ginge, wenn sie es sich nicht gut gehen ließe, und darüber wurde sie nachdenklich. Und noch nachdenklicher wurde sie bei der Überlegung, welches Vorbild sie ihren Kindern wohl gäbe, wenn sie ihre eigene Kraft nicht mehr zu leben bereit wäre, solange ihre Mutter schwach und elend ist.

Sicher haben wir manchmal das Gefühl, das Freuen und Feiern verginge uns angesichts von Kriegen, von Schrecken und Ungerechtigkeit auf der Welt. Wir kommen uns dann fast schuldig vor, wenn wir genießen, was Menschen auf der anderen Seite der Welt entbehren müssen.

Eine Extrem-Situation ist mir dabei vor Augen. Als ich zum ersten Mal in Kalkutta war, überwältigt von den Eindrücken, vor allem vom Elend der „pavement-dwellers", der Menschen, die buchstäblich im Straßengraben leben, meist ohne Arbeit, ohne Hoffnung, stand ein bis zum Skelett abgemagerter Mann aus dem Staub auf und bot sich mir als Riksha-Fahrer an. Ich bin nicht groß, nicht schwer, aber trotzdem: Wenn ich einstiege, würde er mein Gewicht noch ziehen können? Würde er zusammenbrechen? Wenn ich ablehnte, hätte er keinen Verdienst. Und wenn ich ihm das Geld einfach so gäbe? Aber warum ihm, warum nicht auch dem neben ihm und dem neben diesem, und all den anderen?

Ich bin damals, unfähig, mit dieser Situation umgehen zu

können, geflüchtet. Und im Hotel dann packte mich die Verzweiflung, die sich mit eben diesem Schuldgefühl mischte: Wie kann ich es mir gut gehen lassen, wohl wissend, wie groß das Elend auf der Welt ist?

Mir half schließlich ein sehr einfacher Gedanke, der nicht durch Theorie, nicht durch ethisch-moralisches Abwägen gestützt war, sondern durch die eigene Erinnerung an die Kriegszeit. Ich bin in Gedanken noch einmal zum Januar 1945 zurückgegangen und habe mich neben das Kind gesetzt, das ich damals war. Ich habe ihm in diesem kalten und traurigen Winter erzählt, dass weit weg, auf der anderen Seite der Welt gerade kein Krieg ist und kein Hunger herrscht. „Dort denkt eine Frau an dich", habe ich gesagt, „die sich nicht traut, die guten Speisen auf ihrem Tisch anzurühren und ruhig in ihrem gemütlichen Bett zu schlafen." „Warum?" fragte mich die Sechsjährige, die ich einmal war. „Weil es so viel Krieg und Hunger gibt", sagte ich. Und sie fragte „Meint sie, wenn sie jetzt nichts isst, geht der Krieg hier weg? Und was passiert mit dem schönen Essen auf ihrem Tisch?"

Irgendwann später, als ich zu Reportagen für die „Kindernothilfe" in Brasilien war, packte mich noch einmal die große Hilflosigkeit, diesmal angesichts all des Kinder-Elends, über das ich fürs Fernsehen zu berichten hatte. Unabsehbare Not, Hunger, Verwahrlosung, Prostitution, Kriminalität. Ich saß mit Kollegen beim Abendessen im Restaurant, und je länger wir über die Missstände im Land diskutierten, desto größer wurde meine Verzweiflung, bis ich schließlich vom gedeckten Tisch aufstand. Nur weg. Ich wanderte quer durch die Stadt bis zum Strand. Ungefährlich war das damals nicht gerade. Ich musste mir über diese leichtsinnige Aktion später noch einiges anhören. Leichtsinnig? Ich war alles andere als leichten Sinnes. Es fühlte sich an, als läge die Last der ganzen Welt auf meinen Schultern. Aber dort am Meer, im Rauschen der riesigen Wellen unter dem großen Sternenhimmel, wurde mir plötzlich klar: Ich bin viel zu klein, um auch nur annähernd all das Elend beantworten zu können, das ich vor Augen hatte. Ja, es wäre eine Art von Hochmut, wenn ich meinte, ich sei diejenige, die für das Grauen in der Welt die Verantwortung tragen sollte. Diese Verantwortung musste ich dem überlassen, der größer ist als alles Verstehbare. Und meine eigene Verantwortung muss auf das begrenzt – aber auch konzentriert – bleiben, was mir als Aufgabe geschickt wird in meinem Leben.

Dazu gehört ganz sicher auch und gerade angesichts des Unbegreiflichen, gerade im scheinbar Ausweglosen, die Fähigkeit, demütig zu bleiben und dankbar dafür, dass es weit mehr gibt als das, was Menschen ausrichten können. Das heißt auch, dass ich das Gute, das mir gegeben ist, annehme und genieße, und darüber, wie Tobit, wie Raguel, wie Sara fähig bleibe, Gott zu loben auch angesichts des Dunklen, Schweren.

Dann wird es selbstverständlich, dass sich Feiern und Freude durchaus nicht nur auf die großen Feste beschränken müssen. Feiern können wir auch den Alltag. Eine geplagte Hausfrau entdeckte zu ihrer eigenen Verblüffung, dass sie – nur durch eine andere Einstellung – sogar das eine oder andere in ihrer Hausarbeit feiern konnte. Sie sagte: „Statt rumzurennen und zu lüften, genieße ich es jetzt ganz bewusst, die Fenster zu öffnen und mit einem tiefen, dankbaren Atemzug den Tag in die Räume einzulassen." Und ein Beamter entdeckte, noch viele Jahre vor seiner Pensionierung, dass er fast alles, was er als ferne Vision für die Zeit nach dem Berufsleben vor Augen hatte, eigentlich jetzt bereits in seinen Alltag integrieren konnte, zum Beispiel staunend und mit offenen Augen die Schönheit der Welt aufzunehmen und zu würdigen. Als er den gewohnten Weg zur Arbeit mit den Augen eines Touristen ging, neugierig, als sei er in einer fremden, exotischen Stadt, entdeckte er plötzlich Gärten, die er vorher nie gesehen, begegnete interessanten Gesichtern, die er sonst nie wahrgenommen hatte, bewunderte Verzierungen an Häusern, die vorher nicht da gewesen zu sein schienen. Als er nach Feierabend in seine Wohnung kam mit dem dankbaren Gefühl, den Abend jetzt feiern zu können, gab er damit diesen Stunden eine Chance, zum Alltags-Fest zu werden. „Das Leben lieben und feiern lernen" nannte er das.

Gelegenheiten zum Feiern sollten auch die Abschiede und die Neuanfänge im Leben bieten. Abschied im Totenmahl zu feiern, ist in unserer Zeit zum Glück bei Beerdigungen oft noch üblich. Man sitzt mit Verwandten und Freunden beieinander und erinnert sich dankbar an vieles, was man mit dem Verstorbenen erlebt und geteilt hat. In seiner Lebensgeschichte und vielleicht in all den Geschichten, die er immer wieder erzählt hat, wird er in seiner Person noch einmal spürbar, wird das, was er als gelebtes Vermächtnis hinterlässt, deutlich. Und wieder kann sich Dank damit verbinden, Dank dafür, dass gerade dieser Mensch eine Zeit lang mit uns gegangen ist.

Ein besonders schönes Fest des Neuanfangs hat ein Ehepaar aus meiner Bekanntschaft gefeiert, als sie nach einer monatelangen Ehekrise wieder zueinander gefunden hatten. Sie sind zu dem Ort gefahren, an dem sie sich kennen gelernt hatten, haben in genau dem Café gesessen, in dem sie sich zum ersten Mal ihre Liebe gestanden, sind in die Kirche gegangen, in der sie getraut worden sind damals, und haben einen ganzen Tag lang auf den Spuren ihrer jungen, ersten Liebe den Beginn einer bewussteren, reiferen Liebe und Weggefährtenschaft gefeiert.

So können wir unsere eigenen Formen des Feierns finden und erfinden, mit allem, was uns und unseren Freunden auf sinnvolle und vergnügliche Weise gut tut, und was eben diese Elemente des Teilens, Genießens und Lobpreisens enthalten kann. Singen, Tanzen, Musizieren, neue Begegnungen, Gespräche und Spiele, gemeinsames Kochen und Essen, Picknick und Leseabende, private Filmfestspiele und Ausflüge, der Phantasie sind keine Grenzen gesetzt. Schade wäre es, wenn wir uns selbst darin begrenzten.

Heilung

Frei werden aus dem, was krank macht

Das Buch Tobit schildert die Geschichte von Tobias als einen Weg zur Reife, und es erzählt die Heilungsgeschichte von Tobit. Beide Erzählungen sind auf bedeutsame Weise miteinander verknüpft und verwoben. Durch die Zeit der Hilflosigkeit und Hilfsbedürftigkeit, die Zeit der Blindheit, in der er auf die Heimkehr seines Sohnes wartet, wird Tobit erst bereit zur Heilung, wird bereit, Hilfe annehmen zu können, Heilung zuzulassen. Ohne die Erblindung seines Vaters hätte sich die Lebensgeschichte von Tobias anders entfaltet, Rafael hätte sich ihm nicht zugesellt, der Auftrag Tobits hätte ihn nicht auf diesen Weg des Reifens geführt und ihn dann schließlich bereit werden lassen, seinen Teil zur Heilung seines Vaters beizutragen.

Engel wirken, wie es heißt, als Gesandte Gottes, sie wirken als Lehrer und Offenbarer, als Mittler und als Schützer in Gefahren und als Weggefährten, und sie können als Heiler wirken. Dabei ist nicht unbedingt das „Gesund machen" ihre Aufgabe, sondern eben die Heilung, und die geschieht oft auf eine indirekte Weise, in der wir Menschen mitwirken können. Es kann sein, dass zwar eine Krankheit durchaus bestehen bleibt, dass aber trotzdem Heilung geschieht. Die Erlebnisse von Kranken, die voller Hoffnung nach Lourdes gepilgert sind, erzählen von solchen Begebenheiten. Sie kamen nach Haus, und jedermann meinte, diese Reise hätte wohl nicht viel gebracht. Für sie selbst aber hatte sich Grundlegendes geändert durch Dinge, die nicht auf den ersten Blick sichtbar waren, nämlich durch Einsichten und Stärkung, durch Glaubenserfahrungen und durch den neu gewonnenen Mut, sich zu öffnen, um Wagnis, Begegnungen und Reifungsprozesse zuzulassen. Darin liegt manchmal mehr Heil als in einer kurierten Krankheit.

Nicht Tobias befreit seinen Vater von der Blindheit, auch Rafael nicht, sondern „Gott erweist sich als Arzt" oder „Gott heilt". Von Anfang an hat diese Bedeutung des Namens von Rafael schon darauf hingewiesen, dass es so sein würde. Rafael ermöglicht es in der menschlichen Gestalt des Asarja, durch die Art seines Dabeiseins, dass sich Heil ereignet. Er bewirkt es nicht selbst, sondern achtet darauf, dass es geschehen kann, dass Tobias heranreift zum erwachsenen, verantwortungsvollen Handeln, und dadurch indirekt beiträgt dazu, dass sein Vater bereit wird, Licht einzulassen in seine Augen und in seine Seele.

Die Fähigkeit, mitzuwirken an Gottes Heilsplan, also in manchen Situationen für andere ein Engel zu sein, besteht oft weniger in dem, was wir tun, als vielmehr in dem, was wir ermöglichen, also fast eher im Nichttun.

Nur dann kann Heilung gut gelingen, wenn sie im Mitwirken des Kranken geschieht. Nur dann kann Wachstum gelingen, wenn es aus dem Menschen heraus geschieht, der sich selbst in diesen Prozess hinein begibt. Wir können als Gefährten dabei bestenfalls etwas wegräumen helfen, was hinderlich ist, oder Mut machen, oder etwas deutlicher werden lassen, was sinnvoll sein könnte, oder manchmal ganz praktisch die rechte Medizin wissen oder einen, der helfen kann. Das, was aber eigentlich bewirkt wird, geschieht auf einer anderen Ebene, auf der die Bereitschaft zur Veränderung unabdingbar ist. Sonst ist schließlich ein Übel kuriert, die eigentliche Krankheit aber bleibt. Oder eine Entwicklungsstufe wurde übersprungen im Versuch, schnelle Ergebnisse zu sehen. Eine selbstverfertigte Sprosse der Leiter fehlt danach, und der Sturz ist programmiert.

Als sich Tobias mit seiner jungen Frau seiner Heimatstadt nähert, rät Rafael, er solle die letzte Wegstrecke allein weiterreisen und Sara mit dem ganzen Gefolge, den Knechten und Mäg-

den, den Kamelen und dem Vieh langsam nachkommen lassen. „Du weißt, Bruder, wie du deinen Vater verlassen hast", sagt er, „also nimm auf jeden Fall die Fischgalle mit, die eine gute Arznei zur Heilung von Augenkrankheiten ist."

Sehr sensibel gehen Tobias und Rafael auf dieses Wiedersehen zu. Tobit in seiner ganzen Hilflosigkeit mit dem Glück und plötzlichen Reichtum seines Sohnes, mit der jungen Schwiegertochter und all dem Neuen zu konfrontieren, würde ihn vielleicht überfordern, würde den krassen Gegensatz zu seiner eigenen Armseligkeit und Hilfsbedürftigkeit fast unerträglich erscheinen lassen. Vielleicht würde er sich umso mehr in seine Selbstzweifel zurückziehen: „Es hilft mir ja doch nichts und niemand."

Damals war Fischgalle ein durchaus übliches Mittel in der Augenheilkunde, sodass die Ärzte, die Tobit nicht hatten helfen können, diese Behandlung sicher auch schon vergeblich angewandt hatten. Wenn jetzt sein Sohn auch damit käme, würde seine Skepsis all die Abwehr nur noch steigern, all die Ablehnung von allem, worin er Hilfe annehmen müsste. Die besten Medikamente kämen dagegen schwerlich an. Dafür wird aber der folgende kleine Zwischenfall zu einer Schlüsselszene in der Heilungsgeschichte Tobits.

Als Hanna ihren Sohn mit seinem Gefährten von weitem kommen sieht, läuft sie gleich zu ihrem Mann und ruft ihm die frohe Kunde zu: „Tobias kommt heim!" Tobit will seinem Sohn entgegeneilen. In seiner Hast stolpert er und droht hinzustürzen gerade in dem Augenblick, als Tobias nahe genug ist, um ihn aufzufangen, und Vater und Sohn begegnen sich in einer kraftvollen Umarmung.

Diese Umarmung wird für Tobit zur physisch spürbaren Gegenbotschaft gegen einen unheilvollen, einengenden Grundglauben, den er jahrzehntelang wie selbstverständlich sein Leben bestimmen ließ: „Mir hilft ja doch keiner", oder „Nirgends ist es sicher für mich, ich kann mich nirgends geborgen fühlen". Als Waisenkind hatte er sich von seinen Eltern verlassen gefühlt. Dann als Flüchtlingskind, aus der ländlichen Stille in die Großstadt vertrieben, und später als Einzelkämpfer gegen eine

Umgebung voller Aberglauben und Unglauben, hatte Tobit die Welt immer als feindlich und ablehnend empfunden, als nicht sicher und in vielfältiger Weise gefährlich. Er hatte sich fremd gefühlt und nicht dazugehörig. Aus diesem inneren Drama heraus hatte er sich mehr und mehr zurückgezogen, auch vor seiner Erblindung schon, hatte sich verkrochen in seine Eigenwelt. Auch seine Gefühle zu zeigen, verbot sich, dazu schien die Welt zu bedrohlich.

Eine Grundstörung, die mit gerade solch einer verzerrten, verletzten Wahrnehmung einhergeht, ist im Alltag meist tatsächlich mit Angst vor direktem Blickkontakt verbunden, mit Angst vor Körperkontakt, und mit Rückzug ins eigene System. Computerfachleute oder Dichter, die zu kauzigen Eigenbrötlern geworden sind, treffen wir unter denen an, die aus ähnlichen Verletzungen heraus in vergleichbare Glaubenssysteme geraten sind. Gegenbotschaften können hier heilend wirken, jemand, der ihnen sagt: „Du gehörst zu uns, wir freuen uns, dass du da bist, du bist willkommen und du kannst dich hier ganz sicher fühlen." Oft werden allerdings solche Sätze, selbst wenn sie noch so authentisch und freundschaftlich gesagt sind, entweder nicht gehört, als wäre dafür gewissermaßen keine Antenne bereit, oder sie werden einfach als unglaubwürdig abgetan. Es ist nicht leicht für diese Menschen, ein Grundgefühl von Sicherheit und Geborgenheit auch nur für möglich zu halten.

Umso wunderbarer ist das, was Tobit erlebt. Bevor ihm noch irgendwelche Gegenargumente oder Einwände einfallen können, spürt er die Ruhe und Sicherheit seines Sohnes, der ihn hält, und das ist eine Erfahrung, die mehr bedeutet, als viele Worte, als noch so liebevolle Versicherungen hätten bewirken können. „Du kannst dich fallen lassen. Du kannst loslassen, du wirst aufgefangen." Alle Anstrengung, die dieses Glaubenssystem von Bedrohtheit und Unsicherheit ein Leben lang für ihn bedeutet hatte, löst sich in der Umarmung seines Sohnes.

Wir Menschen sind Engel mit nur einem Flügel, heißt es. Aber wenn einer den anderen hält, haben wir gemeinsam zwei Schwingen. Wie oft haben wohl Hanna und Tobit ihren Sohn vor dem Fallen bewahrt, als er noch ein Kind war, und haben ihm damit ohne weiter darüber nachzudenken einen sicheren Grund für sein Urvertrauen in die Welt gegeben. Jetzt haben sich die Rollen für einen Augenblick umgekehrt.

Jede Veränderung ist auch anstrengend. Selbst die guten Erfahrungen müssen verkraftet und integriert werden. Alle drei, Hanna, die vor Wiedersehensfreude in Tränen aufgelöst ist, aber auch Tobit und Tobias, brauchen eine Ruhepause. Als sie gebetet und gedankt haben, setzten sie sich also erst einmal zusammen nieder.

Wenn wir für andere auf gute Weise begleitend da sein wollen, ist es zuweilen sinnvoll, darauf zu achten, dass nicht alles auf einmal auf einen Menschen einstürmt, und wenn es noch so erfreulich ist. Auch heilsame Erfahrungen brauchen ihre Zeit, um als Erkanntes eingeordnet werden zu können, sodass sie Teil des inneren Gesamtzusammenhangs werden. Wir erinnern uns an den Fisch, der zerlegt, zubereitet, gekaut, geschluckt und gut verdaut werden musste. Immer wieder und auf die vielfältigste Weise scheint mir das Innehalten so wertvoll, dass wir einander als Weggefährten manchmal dafür Impulse und Zeit geben sollten. Wieder einmal ist Rafael mir hier ein Beispiel, der in dieser Situation nicht etwa drängt, dass nun gleich und sofort die Heilung von Tobits Blindheit folgen sollte. Erst einmal, so stelle ich es mir vor, ist da ein Moment der Stille. Sich einlassen, sich niederlassen und loslassen, das scheint eine Reihenfolge, die nicht nur in Zeiten der Besinnung oder der Meditation wohltuend wirken kann, sondern vor allem als Zäsur innerhalb wichtiger Veränderungsphasen in unserem Leben.

Nach dieser Heilung eines verletzten Lebensmusters scheint die Heilung von Tobits Blindheit auf den ersten Blick vielleicht nicht mehr ganz so verwunderlich. Aber auch hier gibt es ein bedeutsames Element, das über die physische Ebene hinausreicht.

Wenn wir dazu beitragen, dass Heilung geschehen soll, kann es notwendig sein, dass wir zwar nicht absichtlich Schmerz zufügen, das nicht, dass wir aber doch dem anderen Schmerzen oder Bitteres zumuten müssen. Dabei ist zunächst das Vertrauen dessen, der sich in einen solchen Heilungsprozess einlässt, unabdingbar. „Hab keine Angst, Vater", sagt Tobias, denn Rafael hatte es ihm schon angedeutet, dass die Galle auf den Augen Tobits brennen wird.

Die Einsicht in das, worin wir uns ändern müssen, ist manchmal schmerzhaft. Es kann tatsächlich bitter sein, das Versäumte noch einmal vor uns zu sehen, das, was wir an Lebendigkeit nicht zugelassen haben, das, was wir an eigener Entwicklung durch Besserwisserei verhindert haben. Der Moment, in dem wir all das endgültig wegwischen wollen, der Moment, in dem wir uns erkennend die Augen reiben, zählt vielleicht zu den dramatischsten und kostbarsten Augenblicken eines Reifungsprozesses. Es gehört Mut dazu und ein Vertrauen, wie es Tobias seinem Vater gibt.

Die Galle brennt schmerzhaft, Tobit reibt sich die Augen, die weißen Flecken lösen sich, und er wird sehend.

Vier Jahre lang war er blind gewesen. In dieser Zeit hatte er den Blick nicht mehr nach außen richten können auf all das, was er vorher immer mit so viel Ablehnung, so viel Missbilligung beobachtet hatte. Er ist in dieser Zeit auf eine neue Weltsicht zugegangen, vielleicht im wachsenden Vertrauen darauf, dass er auch auf den dunklen Wegstrecken unter Gottes Hut und Gottes Führung war, und dass diese Zeitspanne die Chance zu einem Neuanfang in sich barg. Es kann sein, dass er gerade dadurch erst selbst zu einem guten Weggefährten für seine Mitmenschen reifte, einem, der nicht die undurchdringliche Fassade des frommen, allzeit gerechten Übermenschen zeigt, sondern berührbar geworden ist, einer, der nicht immer verbissen das Rechte und das Gute tut, sondern einer, der sehen gelernt hat aus seiner dunklen Zeit heraus, sodass er nicht mehr den Weg des rigiden Rechthabens und der Enge geht, sondern den Weg der Liebe und der Menschlichkeit. Nun, wo ihm sein Augenlicht wiedergegeben ist, kann er beginnen, Helligkeit wahrzunehmen, wo vorher die Sicht durch Abwehr und Misstrauen getrübt war.

So manche Krankheit kann, wenn wir uns darauf einlassen, ein guter Lehrer sein, einer, der zwar auf den ersten Blick unangenehm, unbequem und nicht gerade willkommen ist, der aber seine Lehre, seine Botschaft genau für uns, für unsere gegenwärtige Situation, unsere innere – und damit meist auch äußere – Fehlhaltung bereithält. Ich selbst wäre ohne „mein" Asthma sicher in jeder Weise ungeduldig und damit eher oberflächlich geblieben, hätte nie das Innehalten und Verweilen als sinnvolle Elemente auf meinem Lebensweg erkannt, hätte auch nicht so leicht einen Zugang zum selbstverständlichen Mitempfinden mit Kranken und Behinderten bekommen.

Ich habe immer und immer wieder die überraschendsten Beispiele für solch segensreiche Nebenfunktionen von Krankheit gesehen. Selbst ein Tourette-Syndrom, das zunächst völlig unsinnig zu sein scheint mit all den unkontrollierbaren, heftigen Tics und Zuckungen, den zwanghaften Wortwiederholungen, war, wie ich es bei einem Patienten erlebt habe, eine hervorragende Strategie gegen sexuellen Missbrauch im Kindesalter geworden und späterhin noch eine Möglichkeit, sich in seiner Individualität abzugrenzen.

Eine junge Frau wurde sich durch eine chronische Darmentzündung, „ihren" Morbus Crohn, erst klar darüber, dass sie im übertragenen Sinn dafür sorgen sollte, die chronisch vor sich hinwuchernden seelischen Konflikte nicht mehr im Dunkel zu lassen. Sie verstand erst durch ihre Krankheit, dass sie den in vielen Bereichen behinderten Fluss des Lebens frei werden lassen müsste, dass ihre Fieberschübe immer auch ein Hinweis darauf waren, wie sie einen fieberhaften, aber uneffektiven Kampf ausfocht um ihre Lebensrechte und um die Verwirklichung ihrer ganz eigenen Fähigkeiten, die brach lagen.

Wenn eine Krankheit in ihrer sinnvollen Nebenfunktion ausgedient hat, lässt sie sich eher heilen.

Manche Krankheit lehrt den Betroffenen auch, im Bewusstsein der eigenen Endlichkeit zu leben und damit die eigenen Maßstäbe zu hinterfragen und neu zu definieren. Bei Tobit hat solch ein Neuordnen der Werte sicher mit seiner Erkrankung eingesetzt. Vor allem aber hat Tobit etwas gelernt, was sein ganzes System sprengte, nämlich: sich beschenken zu lassen, zu begreifen, dass Heil nicht machbar ist, auch mit dem äußersten Wohlverhalten nicht, sondern dass Heil und Heilung als Geschenke angenommen werden müssen, angenommen werden dürfen, und dass Gottes Vorsehung eben nicht manipulierbar ist, indem man lediglich wie ein braves Kind irgendwelche Vorschriften einhält, sondern dass Gottes Heilsplan sich im Geschehenlassen verwirklichen kann.

So lässt Tobit nun also zu, dass Heilung geschieht und dass durch seinen Sohn Licht und neue Lebendigkeit in sein Leben kommt.

Hätte man Tobias gefragt, ob er denn nun derjenige war, der seinen Vater geheilt hat, er hätte sicher verneint, er hätte höchstens gesagt: „Ja, mit Gottes Hilfe", oder er hätte vielleicht gemeint, eigentlich sei es wohl Rafael gewesen mit seinem guten Rat, der diese Heilung bewirkt hat. Dass er für seinen Vater in gewisser Weise zum Engel geworden ist in diesem Moment, wäre ihm wohl nicht in den Sinn gekommen, und dennoch wird es Tobit möglicherweise so erschienen sein, als er die Augen öffnete nach vier Jahren Dunkelheit und seinen Sohn vor sich sah.

Wenn wir in unserer Weggefährtenschaft erleben, dass wir ursächlich mit einer Entwicklung, einem Heilwerden verknüpft sind, wenn wir dazu beitragen können, Licht in ein Dunkel zu bringen, kann es schon sein, dass jemand sagt: „Danke! Sie sind ein Engel!", oder „Sie hat heute der Himmel geschickt. Danke!" Was fangen wir damit nun an? Ist es uns peinlich? Geraten wir in eine Ecke, in der wir heimlich eben doch ein bisschen stolz sind auf das, was wir mitbewirken konnten? Wehren wir uns sofort dagegen, indem wir meinen, es sei ja doch nichts Besonderes gewesen – und machen dadurch das, was der andere als groß empfindet, klein?

Es gibt hundert verschiedene Möglichkeiten, ein Lob sofort niederzumachen. Wir Deutschen scheinen darin Weltmeister zu sein. Die Amerikaner haben eine ganz einfache Möglichkeit, ein Kompliment anzunehmen, sie sagen strahlend: „Danke!". So langsam beginnt sich das bei uns auch einzubürgern. Vielleicht haben wir uns etwas von den amerikanischen Fernsehfilmen abgeschaut. Wenn es so wäre, kann man sich über diesen unbeabsichtigten guten Nebeneffekt nur freuen.

Es wäre manchmal gar nicht so leicht, all das Schöne zu genießen, sich all des Reichtums bewusst zu sein und auch der eigenen Gaben, wenn wir nicht im Dank ein Ventil hätten, das uns davor bewahrt, vor Freude zu bersten. Ich habe mir manchmal als Kind ausgemalt, wie das so ist für die Engel im Himmel, die immer in diesem unendlichen Licht, immer in der Gegenwart Gottes sind, und mir war ganz klar, dass da „ohne Unterlass" gesungen und gepriesen und gejubelt werden muss, sonst wäre es einfach zu viel, um es zu verkraften, selbst für Engel.

Als wieder Licht in Tobits Augen fällt, umarmt er seinen Sohn, und er preist Gott. Er und Hanna und alle, die davon erfahren und seine Freude teilen, danken nicht Tobias, dem das sicher eher befremdlich gewesen wäre, sondern sie danken Gott. So ist es auch leicht, eine gute Tat, eine gelungene Hilfeleistung, nicht als Ego-Futter einzuordnen, sondern stattdessen, so wie der junge Tobias, in den Dank einzustimmen. Denn so wenig wir fähig sind, selbst Leben „herzustellen", so wenig sind wir fähig, gesund zu „machen", wenn nicht die Bereitschaft des Kranken zur Heilung da ist, und dazu noch das, was weit über menschliches Vermögen hinausreicht.

Integrieren und Nutzen

Vom Abenteuer zum Alltag

In den folgenden Szenen der Geschichte kommt Rafael zunächst nicht mehr vor, denn er tut als Weggefährte genau das, was in dieser Situation sinnvoll ist, er hält sich im Hintergrund. Wenn ein Mensch, den wir begleiten, sich auf eine neue Realität einstimmt, in sie eintaucht so wie hier Tobit, Tobias und Hanna, ist es gut, ihm ganz die Führung zu überlassen. Alles wird sich voraussichtlich organisch aneinander reihen und ineinander fügen, in genau dem rechten Zeitablauf, den es br aucht, um dem Neuen zu begegnen, es zu w ürdigen und es Teil der eigenen Wirklichkeit werden zu lassen.

So erzählt Tobias erst einmal ausführlich alles, was er erlebt hat, und in diesem Erzählen wird er sich selbst noch einmal bewusst, was sich in ihm verändert hat. Dabei wird hinter den äußeren Geschehnissen, von denen er berichtet, nicht nur ihm sondern auch seinen Eltern sein Weg zur Reife deutlich, auch ohne dass er dies direkt anspricht.

Vielleicht wird Hanna, während sie ihrem Sohn zuhört, bewusst, wie auch sie durch eine Zeit der extremen Herausforderung, eine Zeit der Entwicklung gegangen ist.

Tobit wiederum wird in Gedanken beim Zuhören wohl seinen eigenen Weg mit dem des Sohnes verglichen haben. Er wird vielleicht die Freiheit, in der Tobias Gottes Hilfe erfahren hat auf seiner Reise, dem gegenüberstellen, was er selbst in seinem früheren Glaubenssystem gelebt hatte. Es kann sein, dass er dieses

Bild noch einmal an sich vorüberziehen lässt und es durch eine neue Sicht wohl nicht auslöscht, doch aber ergänzt.

Hilfreich beim Integrieren einer neuen Erfahrung ist oft ein Weggefährte, der wie Rafael Zeuge gewesen ist, und der das würdigt und bestätigt, was wir an Herausforderungen erlebt haben, wo wir uns in Frage gestellt sahen, was uns wachsen ließ, vieles, was wir nachträglich manchmal selbst kaum noch zu glauben wagen, weil es so groß oder so erschütternd, so „zufällig" oder so geheimnisvoll gewesen ist. Hilfreich kann aber auch jemand sein, der eben gerade nicht dabei war, als wir diese Wegstrecke gegangen sind, und der uns mit Fragen voller Wertschätzung auf unserer Erkundung im Reich des Bewältigten begleitet, jemand, der uns so gut zuhört, dass er von Herzen in unseren Dank einstimmt für das, was wir erreicht und geschafft haben.

Es ist etwas Besonderes, wenn wir in solch einer Zeit als Weggefährten dabei sein können, denn all die Abenteuer und Entwicklungsschritte des anderen werden auch für unser eigenes Lernen und Wachsen förderlich, gerade dann, wenn er beginnt, seine Bestimmung zu erkennen, wenn er fähig wird, aus wichtigen Erfahrungen heraus an der eigenen Entwicklung weiterzuwirken, wenn er auf neue, andere Weise bereit wird, sich den Herausforderungen in seinem Leben zu stellen. In jeder Begleitung, sei es in einem kurzen Gespräch zwischen Tür und Angel, sei es in langen Zeiten der Hilfestellung, sei es im Alltag unserer Familie, können wir auch die Lernenden sein, wenn wir es wollen. Und immer werden wir an Reifungsprozessen teilhaben, sodass die Wegstrecken, auf denen wir Begleiter waren, auch unserem eigenen Wachsen und Reifen förderlich sind. Dabei finden wir Hinweise und Vorbilder in den Einsichten, die aus dunklen Zeiten gewonnen wurden, und ebenso in den Strategien, die zu geglücktem, gelingendem Leben führten.

Wie sehr sich Tobit verändert hat, wird deutlich, als er, der sich früher grämlich zurückgezogen hatte, nun in Bewegung kommt. Statt dass er, ganz würdiger Patriarch, in seinem Haus wartet, bis die Frau seines Sohnes mit ihrem Gefolge ankommt, geht er ihr voll Freude entgegen bis zum Tor von Ninive. Und alle, die ihn sehen, staunen, dass er wieder sehen kann, und ganz gewiss staunen sie auch über seine offensichtliche Verwandlung, denn so eilend, so voller Freude, hatten sie ihn bisher nicht erlebt.

Für Sara wird die Begegnung mit Tobit nun noch zu einem letzten Moment der Heilung, einer Stunde, von der an ihre Würde und ihre Selbstachtung endgültig wiederhergestellt sind. Ihr Schwiegervater kommt ihr entgegen, um sie zu segnen und willkommen zu heißen, und mit ihm kommt ihr Mann, Tobias, „und er pries seine Frau", heißt es dann ganz einfach. Sara hat auf dem Weg von ihrem Elternhaus nach Ninive, ins Unvertraute, in die fremde Umgebung, noch einen wichtigen Schritt zur Eigenständigkeit getan, zum Selbstbewusstsein in ihrer Rolle als Frau. Sie, die unter Unverständnis, Respektlosigkeit und Missachtung so sehr gelitten hatte, dass sie sich nur noch den Tod wünschte, erfährt nun hier am Stadttor, wie ihr Achtung entgegengebracht wird und Liebe. Auch sie wird vielleicht gerade in diesem Augenblick spüren, wie groß die Distanz ist, die sie zurückgelegt hat auf dem Weg zu einem neuen, heilen Selbstverständnis.

Gerade im Innehalten zwischen dem Rückblick auf Zeiten dramatischer Veränderungen und dem Ausblick in die Zukunft kann es aufschlussreich und vielleicht auch überraschend sein, sich selbst vier Fragen zum eigenen Selbstbild zu stellen:

Was für eine Vorstellung habe ich davon, wie mich „die anderen" haben möchten? Wirke ich bei diesem Phantasiebild selbst mit, verrate dabei vielleicht mich selbst und das, was mich eigentlich ausmacht?

Wie sieht das Bild aus, das die anderen von mir haben sollten, so wie ich also in ihren Augen aussehen möchte? Es kann sein, dass ich für dieses Bild, für diese Rolle, große Anstrengungen mache, und dass ich einen hohen Preis dafür zahle.

Dann: Was gefällt mir an mir, was missfällt mir, wenn ich mich selbst vor Augen habe? Wie gehe ich mit meinen Licht- und Schattenseiten um? Mag ich mich? Oder nicht? Warum?

Und wenn ich schließlich meiner tiefsten Sehnsucht nach-spüre: Wie möchte ich wirklich sein?

Wie anders hätte ich wohl noch vor kurzer Zeit auf diese Fragen geantwortet?

Wenn Sara sich vor ihrer Begegnung mit Tobias diese Fragen gestellt hätte, wäre sie wahrscheinlich in Tränen ausgebrochen beim Gefühl, dass da so gar nichts zusammenpasst, so gar nichts stimmig ist, so gar nichts mit ihr selbst kongruent. Ihre Umgebung hatte alle Arten von Erwartungen in sie, die sie nicht erfüllen konnte. Ihr Wunsch, die anderen mögen sie als eine fromme, gehorsame, unauffällige junge Frau sehen, war durch den Dämon, den „Aber-Geist", unerfüllbar gewesen, sodass ihr nur noch der Rückzug aus aller Lebendigkeit zu bleiben schien. Ein hoher Preis. Ihr Selbstbild war durch die Kommentare aus der Umgebung voller Schatten und Scharten. Ob sie sich damals liebenswert fühlte? Gewiss nicht, sonst hätte sie sich nicht nur noch den Tod gewünscht und an ihre tiefste Sehnsucht kaum noch zu rühren gewagt.

Nun, am Tor von Ninive, sind all die Bilder, die wie Scherben eines Ganzen waren, zusammengefügt. Es gibt nur noch ein Bild. Sie spürt, ihr Mann liebt sie genauso wie sie ist, mitsamt ihrer schwierigen Vergangenheit, und sie fühlt sich hochwillkommen bei seiner Familie. Sie ist einig mit sich selbst, jetzt, wo sie aus Unsicherheit und Schmerz hervorgegangen ist, und sie wünscht sich nichts und niemand zu sein als eben sie selbst, Sara.

Natürlich wird nun ein großes, fröhliches Fest gefeiert, sieben Tage lang, mit allen Freunden und Verwandten. Es wird erzählt und gegessen, getrunken und getanzt, und über all dem Feiern steht der Dank.

Danach aber liegt das Abenteuer, liegen Wüstenzeit und Dunkel hinter ihnen, die Erfahrung, loslassen zu können, das Erlebnis der Hilflosigkeit und das der eigenen Kraft, die Begegnung mit dem Geheimnis und die mit der Klarheit. Wie kann das alles in seiner Essenz weiter lebendig gehalten, wie kann es genutzt werden?

Mir kommen dabei die Menschen vor Augen, die gerade aus den Ferien zurückgekehrt sind. Die Treppe nehmen sie immer zwei Stufen auf einmal, die Augen leuchten, sie sind neugierig auf weitere gute Erfahrungen, die Seele ist voll bunter Bilder, sie sind erholt, sie sind entspannt und gleichzeitig voller Spannkraft, ideenreich und kreativ, kurz, ganz sie selbst. Wenn ich ihnen dann zwei, drei Wochen später begegne, ist meist alles wieder wie vorher. Schade. Das muss nicht sein. Es gibt durchaus Möglichkeiten der „Ferienverlängerung", wenn wir das, was uns so erfreulich zu unseren besten und schönsten Eigenschaften geführt hatte, nutzen und weiterwirken lassen. Der heilsame Effekt von Kuren basiert nicht darauf, dass wir eine gewisse Zeit lang einmal etwas für uns getan haben, vier Wochen lang gesund gelebt und uns für Körper und Geist alles gegönnt haben was uns gut tut, sondern vielmehr darauf, dass wir gelernt haben, wie wir eigentlich leben sollten, eigentlich leben könnten, und die Impulse, die wir dazu bekommen haben, aufgenommen und mit nach Haus transportiert haben in unseren Alltag. Wenn das gelingt, war die Kur von Erfolg. Der Genuss von liebevoll zubereiteten, gesunden Mahlzeiten, die Lust zu wandern oder zu joggen, der erholsame Schlaf, die Zeiten für mich selbst, die Bereitschaft für gute Gespräche und Begegnungen, die Achtsamkeit auf das, was mein Körper mir sagen will: All das kann zu guten Gewohnheiten werden, wenn ich es in seiner Kostbarkeit erkenne, anerkenne und es deshalb dankbar und mit großer Achtsamkeit in meinen Alltag hineinnehme. Auf solche Weise können wir uns eine sinnvolle Kurverlängerung auf unabsehbare Zeiten gönnen. Dahinter steht vor allem, dass wir uns bewusst werden, was denn da so belebend, so heilsam und erquicklich war, was uns Kraft gegeben hat, was bewirkt hat, dass wir wieder zu uns gekommen sind und wieder zu unserer eigenen Mitte gefunden haben. Und dass wir dann erkennen, dass wir uns vieles davon, fast alles, in unseren eigenen vier Wänden und darum herum selbst zukommen lassen oder bereiten können, mit wenig Aufwand und bedeutend kostengünstiger vermutlich als in der Kur oder am Urlaubsort. Nicht nur das, wir können darüber hinaus unsere Ideen, die genau unseren ganz eigenen Bedürfnissen entsprechen, noch weiter entwickeln.

Ähnlich ist es mit dem, was wir durch unsere Erfahrungen, die guten und die dunklen, an Einsichten erworben haben. Es wäre schade, wenn sie auf diese einschneidenden Erlebnisse beschränkt blieben, die uns dazu geführt hatten, denn dann wäre wohl auch das Schwere, das Leid wirklich ohne Sinn. Vielmehr gilt es, Ausschau zu halten, wo und wie ich meine Erkenntnisse im Alltag verankern und nutzen kann und ausdehnen auf andere Bereiche, also auf die Beziehung zu mir selbst, die Beziehung zu meinem Partner, meiner Familie oder meinem beruflichen und sozialen Umfeld, oder auch auf meine immer weiter mit mir wachsende Lebensphilosophie und meine Weltsicht, sodass solch eine Zeit der dichten, komprimierten Erfahrungen in der Form der gewonnenen Einsichten weiter erreichbar und fruchtbar bleibt.

Spannend ist es, herauszufinden, was als Anker dienen kann, wenn solche Zeiten mit den damit verknüpften Erinnerungen und Erkenntnissen abrufbar bleiben sollen. Wenn ich selbst Klarheit und Überblick brauche und vor lauter alltäglichem Gestrüpp nicht mühelos zur eindeutigen Sicht auf Wichtiges oder Unwichtiges gelange, versetze ich mich in Gedanken in eines der beeindruckendsten Naturschauspiele, die ich auf meinen Reisen erlebt habe. Im Angesicht eines Sonnenaufgangs über der Kette der Himalaja-Bergwelt war für mich damals vieles fraglos geworden, und diese Erfahrung trägt bis heute, wenn ich sie mir in Erinnerung rufe, um die nötige Distanz zur Unterscheidung von Wesentlichem und Unwesentlichem zu gewinnen.

Es kann aber auch ein ganz bestimmtes Selbstbild sein, das sich mit einem wichtigen Schritt in unserem Leben verbindet. Um noch einmal das Beispiel der „Ferienverlängerung" herbei zu holen, habe ich eine Frau im Sinn, die von ihrem Griechenland-Urlaub erzählte: „Ich fühlte mich ganz als Frau, fühlte mich reich und warm und kraftvoll, als ich dort über die Insel Patmos wanderte, nein, ich fühlte mich nicht nur so, ich war es!" Als wir eine Weile darüber sprachen, wurde ihr klar, all das war sie nicht nur dort und damals, sondern genauso auch jetzt, wenn sie bereit wäre, es sich noch einmal ganz bewusst zu machen und es zu leben. Wichtig war dafür, dass sie eine Vision entstehen ließ, wie sie in ihrem alltäglichen Einerlei „ganz Frau, warm und reich und kraftvoll" sein kann. Dieses Bild war durchaus realisierbar. Es war ja nicht irgendjemand gewesen damals auf Patmos, eine, die sie dort gelassen hatte, sondern sie selbst, mitsamt eben den Eigenschaften, die sie außer Acht gelassen hatte bis zu diesem Urlaub. Tatsächlich sind es häufig die ungelebten Anteile in uns, die auf solche Weise wieder – oder überhaupt erst – zu Tage treten können. So wie die Umgebung im Urlaub, die Menschen, die wir kennen lernen, und die Landschaft, uns unser eigenes Bild so erfreulich widerspiegeln, kann es auch sein, wenn wir das Ferien-Ich mit nach Haus genommen haben. Vielleicht hilft es dabei, wenn wir als Freunde hin und wieder liebevoll nachfragen: „Wie geht es deinem Urlaubs-Ich?"

Der Umgang mit dem Alltag nach großen Ereignissen erfordert eine besondere Behutsamkeit. Einerseits gilt es, die Erfahrungen zu integrieren und mit ihnen ein reiferes und reicheres, bunteres Leben zu führen. Andererseits wissen wir, dass es im weiteren Verlauf durchaus nicht immer mit Hochformen oder Auseinandersetzung, mit Zeiten der Verliebtheit oder Zeiten der großen Einsichten weitergeht. Es gibt die trockenen Strecken, in denen sich gar nichts zu bewegen scheint. Ich sehe diese Zeiten immer als Phasen der Verpuppung, die sinnvoll sind, nicht nur für werdende Schmetterlinge. Wenn wir ungeduldig werden, statt uns diese Spanne bewusst als Zeit der Reifung oder Nachreifung zu gönnen, tun wir uns ebenso wenig Gutes an wie einer Schmetterlingspuppe, die wir eigenmächtig zu öffnen versuchen, um ihr rasch in ihrer Entwicklung weiterzuhelfen. Das, was jeder Tag an ganz normalen Aufgaben mit sich bringt, mit Humor und Gelassenheit, redlich und geduldig auf uns zu nehmen, ist dann manchmal heldenhafter, als einen siegreichen Kampf in großen Herausforderungen zu bestehen.

Es gibt Zeiten, die wir viel plastischer und farbiger in Erinnerung halten werden als andere, und Zeiten, die in ihrer Gleichförmigkeit fast wie nicht gelebt zu sein scheinen. Dieser Augenblick zwischen beiden, oder der Übergang von der einen in die andere, ist spannend. Wie sehr, wird deutlich, wenn wir den Blick auf unsere Werte richten. Da wird sich ganz gewiss einiges verändert haben gerade in den Zeiten der Reifung oder nach bestandener Auseinandersetzung mit uns selbst oder dem, was uns als Schicksal begegnet war. Wir werden unsere Rolle im Alltag und unsere Aufgabe in der Welt neu einordnen, auch gemäß einer neuen Rangfolge unserer Werte. Was steht nun ganz oben für uns: die Freiheit oder die Geborgenheit? Die Gemeinschaft oder die Ungebundenheit? Einfühlsamkeit oder Macht und Erfolg? Die Liebe? Und wogegen versuchen wir jetzt noch in unserem Leben anzugehen? Gegen Misserfolg und Versagen? Gegen Hilflosigkeit oder Bedrohung, gegen den Sturz in die Sinnlosigkeit oder die Gefahr von Isolation und innerer oder äußerer Heimatlosigkeit? Was bedeutet die Umschichtung der Werte in ihrer Reihenfolge für mein Leben? Was wird sich dadurch im Alltag für mich verändern und für diejenigen, mit denen ich zusammenlebe?

Für Tobit gehört nun nach dem Fest noch etwas ganz Wichtiges dazu. Er ist sich klar, wie viel Dank dem Weggefährten Rafael gebührt, und er fragt sich, wie diesem Dank der angemessene materielle Ausdruck verliehen werden könnte. Dazu – und das zeigt, wie selbstverständlich er in seinem Sohn inzwischen den erwachsenen Gesprächspartner sieht – nimmt er Tobias auf die Seite, um sich mit ihm zu beraten. Tobias führt sich und seinem Vater noch einmal all das vor Augen, was sich mit der Hilfe Rafaels so gut gefügt hat, und er sagt: „Die Hälfte meiner Güter, die Hälfte all dessen, was ich mitgebracht habe, möchte ich meinem Weggefährten geben, der mich begleitet, mir beigestanden, und mir Mut gemacht hat, und dessen gutem Rat wir zu verdanken haben, dass Sara vom Dämon erlöst wurde, und dass du von deiner Blindheit geheilt werden konntest." Und Tobit ist sofort mit dieser Entscheidung seines Sohnes einverstanden.

Wie einfach ist die offene, erwachsene Form des Umgangs untereinander für diese beiden geworden. Sie schauen gemeinsam ein Problem an, tauschen ihre Gedanken dazu aus, und die Entscheidung trifft dann derjenige, der die genauere Einsicht in die Sache hat, in diesem Fall also der Jüngere, Tobias. Diese kleine Szene scheint mir ein Bild für den Alltag zu sein, den diese Familie künftig miteinander teilen wird, in Zugewandtheit und dieser wohltuenden Mischung aus Großzügigkeit, Warmherzigkeit und Achtung.

Abschied

Das gute Ende einer Begleitung

Es hätte sein können, dass Tobit oder Tobias, Hanna oder Sara auf die Idee gekommen wären, zu sagen: „Dieser Asarja, der Freundliche und Zuverlässige, der so gute Hilfe geleistet hat, der immer zur rechten Zeit Rat weiß und Unterstützung gibt in allen schwierigen Situationen, der soll nun für immer bei uns bleiben." Aber auf diesen Gedanken kommt keiner von ihnen. Es ist ihnen offenbar ganz selbstverständlich, dass sie nun mit den Erfahrungen, die sie gemacht haben, fähig und bereit sind, auch schwere oder dunkle Zeiten allein zu bestehen und weiter ein gelingendes Leben zu führen.

Wenn ich selbst andere Menschen eine Zeit lang auf einer schwierigen Lebensstrecke begleitet habe, kommt irgendwann der Moment, in dem sie wissen, dass sie meine Unterstützung nun nicht mehr brauchen. Sie sind sich ihrer eigenen Kräfte und Fähigkeiten, ihrer innewohnenden eigenen Weisheit bewusst geworden. Für mich ist dieser Augenblick jedes Mal von besonderer Kostbarkeit. Ich arbeite ja in gewisser Weise vom Anfang der Begleitung an darauf hin, mich selbst mit meinem Beistand zur rechten Zeit überflüssig gemacht zu haben. Das heißt natürlich nicht, dass ich dann absolut unerreichbar werde für diejenigen, mit denen ich doch eine bedeutsame Phase ihrer Entwicklung geteilt habe. Meist ergibt es sich aber doch ganz von selbst, dass die Distanz zeitlich und oft genug auch räumlich größer wird und eines Tages dann nur noch die dankbare Erinnerung bleibt an ein wichtiges Stück gemeinsamen Weges und das, was sich zum Guten verändert hat.

Das Ende einer Begleitung muss so bedachtsam, so sorgfältig, so weise und liebevoll gestaltet werden wie der Anfang. Das ist nicht immer leicht. Es gibt im Leben ja auch manchmal sehr schwierige Trennungen, zum Beispiel das Ende einer Weggefährtenschaft, die zerbrach, weil ein Miteinander nicht mehr in Einigkeit möglich oder nicht mehr heilsam war. Gerade dann aber sollten wir versuchen, einen guten Abschied zu finden, einen, der bewirkt, dass Enttäuschung oder gar Hass nicht im Vordergrund bleiben. Vielleicht müssen wir dazu erst einmal einen zeitlichen Abstand nutzen, damit sich die Sicht weiten kann, sodass wir fähig werden zu einer Rückschau nicht mehr nur auf das, was schmerzhaft war, nicht nur auf die gegenseitigen Verletzungen, sondern nun auch auf alles, was das Miteinander an Gutem gebracht hat, vielleicht auf die glücklichen Anfänge der Beziehung, auf die guten Zeiten, die wir miteinander geteilt und die schwierigen, die wir miteinander bestanden haben, Zeiten, in denen wir füreinander wohl auch manchmal Engel sein konnten, und auf die gegenseitigen Anstöße und Anregungen, die über den gemeinsamen Weg hinaus weiter tragfähig geblieben sind. Es ist gut, dann eines Tages auch den Dank zu spüren für alles, was wir gelernt haben in der gemeinsamen Zeit, und eine Gelegenheit zu suchen, um diesen Dank miteinander zu teilen, vielleicht in einem gemeinsamen Gespräch oder in einem Brief, um der zerbrochenen Beziehung einen versöhnlichen Abschluss zu geben.

Wenn eine Begleitung aber ähnlich segensreich gewesen war wie die, die Tobias durch Rafael erfahren hat, ist es darüber hinaus wichtig, den Blick darauf zu lenken, dass da durchaus nicht nur der eine hilfreiche Engel war, sondern dass inzwischen neue Bezüge, Vernetzungen, Freundschaften, soziale Gemeinschaften, Gefährtenschaften oder Partnerschaften bedeutsam geworden sind. So ist der tragfähige Grund, auf dem Tobias jetzt ganz zuversichtlich in die Zukunft geht, an erster Stelle sicher seine Verbindung mit Sara, dann auch die gute Beziehung zu seinen

Schwiegereltern, ganz wesentlich aber die eigenverantwortliche, erwachsene und zugewandte Ebene, auf der er nun seinen eigenen Eltern begegnet, und schließlich die freundschaftliche Beziehung zu den Nachbarn, Verbindungen, die beim Hochzeitsfest sicher neu belebt worden sind. Lauter Weggefährtenschaften, die noch nicht, oder zumindest so noch nicht bestanden hatten vor seinem Aufbruch.

Wenn wir uns als Gefährten aus einer Begleitung verabschieden, gehört es also dazu, dass wir darauf achten, welche Brücken wir bauen oder festigen können, und ob wir die eine oder andere unserer eigenen Funktionen, die wir innehatten, an andere delegieren können, und dass wir die neu entstandenen Verbindungen zu würdigen wissen.

In der Folge unserer Geschichte gibt Rafael gleich hintereinander fünf Beispiele für Elemente, die zum gelingenden Abschluss einer Begleitung gehören.

Ganz wichtig ist ein Gespräch beim Abschied, ohne Ablenkung und ganz in Ruhe. Rafael nimmt Tobit und Tobias dafür beiseite, denn das, was sie miteinander austauschen, ist zunächst nur für die drei bestimmt.

Dabei ist es an der Zeit, die Gegenwart, so wie sie sich nun gestaltet hat, in den Blick zu nehmen und dankbar aufzuatmen: „Preist Gott", sagt Rafael.

Dann würdigt er etwas, was vielleicht im Zuge der neuen Einsichten hätte gering geachtet werden können, nämlich all das, was Tobit früher durchaus an Gutem und Hilfreichem geleistet hat, bevor er in die Blindheit geriet, vieles, woran Rafael noch einmal mit Wertschätzung erinnert.

Manchmal erlebe ich es, dass gerade vor lauter Begeisterung über einen neu eingeschlagenen Weg keine Anerkennung mehr für den Ursprung und den Hintergrund bleibt, aus dem heraus sich erst die Veränderungen entwickeln konnten, die bis hierher geführt haben. Das ist schade, denn so bleibt vielleicht der Blick auf die Wurzeln verstellt, und damit auch der Zugang zu dauerhaften Kraftquellen. Schön ist es, wenn wir die Muße haben, nach einem entscheidenden Entwicklungsschritt die guten Ele-

mente aus der davor liegenden Zeit gemeinsam mit einem Weggefährten voller Achtung in den Blick zu nehmen.

Danach ruft Rafael noch einmal die Situation vor Augen, in
der Tobit sich so ganz am Ende seiner Weisheit befand, den
Moment, in dem er sich in seiner Verzweiflung nur noch den Tod
wünschte. Dabei wird deutlich, dass damals schon der Beginn
einer Entwicklung quasi vom Tod zum Leben, von der Starrheit
zur Lebendigkeit begründet war, der Beginn einer Lernphase
hin zur Bereitschaft, sich beschenken zu lassen mit Gnade und
Fülle, ganz ohne Gegenleistung.

Nach dieser Rückschau richtet Rafael dann den Blick auf
das, was für die Zukunft wesentlich bleibt oder wichtig sein
wird, nämlich die dankbare Freude, aus der heraus ganz selbstverständlich der Lobpreis von Gottes Werk entsteht, und die
Bereitschaft, die kostbaren Erfahrungen mit anderen zu teilen,
also deutlich zu sein im Leben, im Tun und auch im Reden.
„Bezeugt, was geschehen ist.“

Tobits einstiges Ringen um die Frage, warum Gott ihm all
das zugemutet hat, findet in diesem letzten Gespräch auch noch
seinen Platz. Der Sinn, die Chance und auch die Würde des
Schweren, das ihm im Leben zugemutet worden war, wird verstehbar in dem einfachen Satz: „Weil du Gott lieb warst, solltest
du nicht ohne Anfechtung sein, auf dass du bewährt würdest.“
So wie sich die Schlange nur häuten kann, wenn sie sich zwischen scharfkantigen Steinen durchwindet, bedarf es fast immer
der schmerzhaften Herausforderung, um einen entscheidenden
Schritt aus der Blindheit, einen entscheidenden Schritt zur Reife
tun zu können. Zumutung als Geschenk? Um das zu sehen,
kann es wichtig sein, mit jemandem zu sprechen, der unseren
Weg von fern oder an unserer Seite als Gefährte miterlebt hat,
einem Menschen, der, wie hier Rafael mit Tobit, seine Sicht,
seine Einsicht mit uns teilt.

Eine Studentin hatte mir erzählt, wie sie nach langem
Zögern eine quälende Beziehung beendet hatte. Ihr wurde nun
erst bewusst, wie viel Grundlegendes sie über sich erfahren und
für sich selbst gelernt hatte gerade in dieser schwierigen Zeit.

146

Sie meinte dann nur, sie sei wohl leider viel zu lange bei ihrem Partner geblieben, der sie gedemütigt und auf vielerlei Weise unter Druck gesetzt hatte. „Ich möchte das alles nicht noch einmal erleben." sagte sie. „Die Gefahr, wieder in eine ähnliche Situation zu geraten, ist aber gebannt. Ich kann nun auf meinen einstigen ‚Widersacher' sogar mit Wohlwollen schauen, ja, ich wünsche ihm jetzt wirklich Gutes. Ich kann verstehen und verzeihen, und ich habe zum Glück auch meinen eigenen Anteil an dem erkannt, was so quälend zwischen uns war." Wie hier kann manchmal erst das gemeinsame Anschauen von schwierigen, dunklen, schmerzlichen Lebensabschnitten zeigen, wie sich in der Zumutung eine Lernerfahrung bietet, und dass, wenn sie genutzt wird, darin ein Gewinn fürs Leben liegt.

An einer zentralen Stelle des Abschiedsgespräches mit Tobit und Tobias gibt es dann einen grundlegenden Gedanken über Sünde, Tod und Leben, der Rafael so wichtig ist, dass er ihn wie ein Geschenk zurücklässt: „Wer sündigt, ist ein Feind des Lebens", sagt er. Also ist alles, was Leben und Lebendigkeit hindert oder unterdrückt, Sünde. Denn eines ist gewiss: Der Schöpfer, der uns das Leben gab, will, dass wir Leben verwirklichen und fördern in jeder Weise. „Die Gottlosen bringen sich selbst um ihr Leben", sagt Rafael, und damit ist nicht, zumindest nicht nur, der leibliche Tod gemeint. Gottlos sind gewiss diejenigen, die wohl auch in einer gewissen Art von Hybris meinen, sie müssten alles selbst tun, allein verantwortlich und zuständig sein, und daran zerbrechen, also sich um ihr Leben bringen. Gottlos sind die, die Gottes Wirken und Gottes Gnade nicht hineinnehmen in ihr Leben. Rafaels Abschiedsbotschaft ist die Botschaft von Gott, der im brennenden Dornbusch auf die Frage nach seinem Namen sagt „Ich bin der ‚Ich bin da'," oder auch „Ich bin der, der bei euch ist", und damit erinnert Rafael noch einmal an die Freiheit, die Zuversicht und Liebe in der Beziehung zwischen Mensch und Gott, zwischen Gott und den Menschen, die er zu Mitwirkenden, Mitliebenden macht.

Mit einer Krankenhausseelsorgerin kam ich ins Gespräch über die sehr extreme Situation, in der sie sich angesichts von

Patienten sieht, die im Koma liegen, die also nicht ansprechbar sind und auf nichts mehr reagieren. Gerade hier war grundlegend, dass sie, stellvertretend für Gott oder in seinem Auftrag, einfach nur da ist. Wenn wir nichts tun können, wenn wir weder mit Handeln noch mit irgendeiner Art von Kommunikation mehr etwas bewirken können, kann uns dieser Gedanke über das Gefühl von Hilflosigkeit und Ohnmacht hinweghelfen, denn der Beistand, den wir leisten, ist dann tatsächlich aufs Wesentliche reduziert, und in gewisser Weise können wir gerade dadurch vielleicht für den anderen als Engel wirken.

So wie das Bedrohliche, Unheilvolle kann auch das Schöne, das Ergreifende und das Kostbare in seiner Größe beängstigend sein. Kein Wunder, dass Tobit und Tobias erschrecken und voller Furcht vor ihm niederfallen, als Rafael sich nun zu erkennen gibt als einen der Engel Gottes. Was Rafael ihnen darauf mit seinem Segenswunsch zusagt, umfasst all das, was Ängste bannt, was stärkt und Mut macht und was Freude und Zuversicht gibt: „Fürchtet euch nicht! Friede soll euch zuteil werden! Preist Gott in Ewigkeit!"

So kurz wie in diesem Zuspruch können wir uns natürlich oft nicht fassen, wenn wir Mut und Zuversicht stärken wollen, zumal wenn wir es mit mehr oder weniger irrationalen Ängsten bei einem Menschen aufnehmen müssen, der sich uns anvertraut. In den meisten Fällen aber werden gerade diese drei Elemente das Wesentliche sein, um dem Anderen den Rücken zu stärken.

Die junge Mutter eines dreijährigen Jungen war in heftige Zweifel und Ängste geraten durch die täglichen Berichte in den Medien über Terror und Gewalt. Sie war sich wie nie zuvor der Bedrohtheit unserer Welt bewusst. Bis in ihre Träume verfolgten sie die vielen Gefahren, denen vor allem die Kinder in der Zukunft ausgesetzt sein könnten. Der Gedanke, sich in solch einer Zeit noch ein zweites Kind zu wünschen, kam ihr vermessen, ja, verantwortungslos vor. Trotzdem tauchte dieser Wunsch immer wieder beharrlich zwischen all den Ängsten auf. Wir haben lange über ihre Befürchtungen gesprochen, bis sie ganz sicher war: „Die Welt war immer in den verschiedensten Hinsichten ein bedrohlicher Ort, und sie war immer in weiten Bereichen auch das Paradies, das wir mitgestalten können. Was in der Hinsicht, die sich unserem direkten Einfluss entzieht, geschehen wird, können wir nicht wissen", sagte sie, „wir können nur selbst zu einem gelingenden Leben beitragen, indem wir achtsam bleiben und unserer Intuition trauen, sodass der Frieden und die Sicherheit, die wir uns wünschen, in uns und durch uns geschieht." Sie hatte also hindurchgefunden zu diesem „Fürchtet euch nicht" und zu dem „Friede soll euch zuteil werden". Und als ich ihr zwei Monate später begegnete, umarmte sie mich strahlend und sagte: „Ich bin schwanger!" und darin lag auf ihre Weise nun auch das „Preist Gott!".

Als Rafael sich Tobit und seiner Familie als der zu erkennen gibt, der er ist, ein Engel Gottes, würden sie ihn in diesem Augenblick vermutlich als Wundertäter bestaunt haben, würden in dem Guten, das sie erfahren haben, nur sein Werk sehen, wenn er das nicht abgewehrt hätte, noch bevor sie diesen Gedanken aussprechen konnten. Er sagt, nicht er sei es gewesen, der ihnen Gutes tun wollte, sondern Gott, der ihn gesandt hat.

Als ich einmal einem Arzt überschwänglich dankte, weil er mich durch seine Behandlung von quälenden Schmerzen befreit hatte, meinte er nur ganz trocken „Ich werde es weitergeben", und richtete den Blick lächelnd nach oben. Diese Antwort verwende ich mittlerweile gern selbst, wenn jemand meint, die Lösung seiner Probleme nur mir zu verdanken, und dabei denke ich auch zuweilen an das Vorbild Rafaels.

Rafael wirkt als einer der sieben heiligen Engel, die das Gebet der Menschen vor Gott bringen. Er ist bei den Menschen, die ihn brauchen. Er sieht ihr Leben in all dem Auf und Ab, mitsamt ihren Versuchen, das Richtige zu tun, er sieht das Gelingen und er sieht das Scheitern, er sieht Hilflosigkeit und Verzweiflung, und er ist für die Menschen da, nicht nur als Weggefährte auf Zeit, sondern ganz wesentlich dadurch, dass er ihr Verhältnis zu Gott stärkt und belebt. Er ist einer, der die Kraft der Fürbitte ernst nimmt. Auf solche Weise wird seine Beziehung zu Tobit und seiner Familie nicht einfach abreißen, denn eines wird über die Zeit hinaus von Dauer sein: seine liebevolle Bereitschaft, voller Verständnis für das zu beten, was heilsam ist für die Menschen denen er sich zugesellt hat. Er wird weiter seinem Auftrag treu bleiben, die Gebete vor Gott zu bringen, vor allem wenn sie in Zweifeln und Verzweiflung kaum noch ein Ziel zu haben scheinen.

Noch einmal ist mir Rafael Vorbild für ein gutes Abschiednehmen, wenn ich mich von einem Menschen trenne, der mir nah und wichtig ist. Selbst wenn ich nicht hoffen kann, dass wir uns jemals wieder sehen, selbst wenn nicht einmal der briefliche Kontakt oder der übers Telefon bleibt, werden wir uns nie ganz verlassen, und der Abschied kann nichts Endgültiges haben, wenn wir uns weiter mit unseren guten Gedanken und unseren Gebeten unterstützen und begleiten.

Wenn ich mich nach einem Besuch bei meiner Mutter – sie ist heute, wo ich dies schreibe, 94 Jahre alt – wieder auf den Weg mache, wissen wir zwar, dass wir uns regelmäßig am Telefon sprechen werden, aber die Trennung fällt uns trotzdem schwer, denn da ist immer auch der Gedanke, dass wir ja wirklich nicht ahnen können, ob wir uns wieder sehen werden. Es gehört dann schon seit vielen Jahren zu unserem Abschiedsritual, dass wir uns versichern: „Auf irgendeine Weise bleiben wir uns immer nah." Sie fügt dann meist noch hinzu: „... auch wenn ich einmal nicht mehr bin", und wir spüren, wie damit unsere seelische Verbundenheit in Gebeten und liebevollen Wünschen fest verankert ist.

Noch etwas liegt Rafael am Herzen. Er bittet Tobit: „Schreibe alles auf." Das Niederschreiben all dessen, was uns wesentlich gewesen und geworden ist, dessen, was es für unsere Gegenwart und Zukunft bedeutet, kann zwar nicht gerade die Begleitung durch einen Weggefährten ersetzen, kann uns aber doch gewissermaßen uns selbst als fiktiven Gesprächspartner zur Seite stellen. Wenn wir Tagebuch schreiben, sind wir in unseren Gedanken nie so ganz alleingelassen, denn da ist immer auch ein Teil von uns, der fragt oder antwortet, der noch einmal mit uns genießt, was wir erlebt haben, der sich das Schöne und das

Schwere noch einmal erzählen lässt, jemand, der die eine oder andere Hinsicht neu entdeckt, jemand, der alle Geduld der Welt mit uns hat, auch wenn wir wütend, grämlich oder deprimiert, ja, selbst wenn wir ungerecht oder chaotisch sind. Manchmal gibt uns das Aufschreiben erst Raum, um auf unsere innere Stimme zu hören.

Schreiben dient also als eine Möglichkeit, nicht allein zu sein, wenn wir gerade niemanden haben, der uns begleitet, und der zuweilen für uns zum Engel werden könnte. Von einer anderen Möglichkeit, einer ganz nahe liegenden Begleitung, die uns aber vermutlich kaum bewusst ist, hat mir ein junger Mann erzählt, von einem getreuen Weggefährten, der immer bei ihm ist und der ihm Ruhe, guten Mut, Kraft und Weisheit gibt, gerade wenn er allein ist. Er sagte: „Eines Tages habe ich begriffen, dass mein Atem mich begleitet seit dem ersten Augenblick meines Lebens. Wenn ich auf ihn achte, ist da etwas, was für mich da ist, jederzeit, selbst nachts wenn ich schlafe. Wenn ich mich auf ihn einlasse, ohne ihn verändern zu wollen in seinem Rhythmus, sagt er mir etwas über meine Stimmung, er bringt mich aber auch, je länger ich ihm einfach nur folge, zur Ruhe. Er ist weise, wenn ich mich in seine Botschaft versenke und von ihm lerne, das, was ich nicht brauche, loszulassen, und dann, wie in dieser kleinen Pause zwischen dem Ausatmen und dem Einatmen, immer wieder innehalte, um dann alles, was mir gut tut, aufzunehmen. Er gibt mir Ausdruck für mein Seufzen, wenn mir schwer ums Herz ist, und für mein Aufatmen im Glück. Er ist immer da, auch wenn ich nicht an ihn denke."

Ein anderer stellte sich, wenn so gar niemand um ihn zu sein schien, der ihm Engel oder Weggefährte sein könnte, einfach in Gedanken vor, da ginge einer an seiner Seite, einer, dem er vertrauen kann, der ihn versteht und der zuhört, ohne ihm ins Wort zu fallen. Ein „Gedanken-Engel"? Dabei kam mir die Geschichte in den Sinn von der Frau, die jeden Tag für eine Stunde in der leeren Kirche saß. Sie sagte: „In dieser Zeit bin ich mit Gott im Gespräch." Auf die Frage, was Gott denn zu ihr sage, meinte sie: „Nichts. Er hört zu."

Erkenntnis

Sinn verstehen im Rückblick

Fünf, sechs Monate nach dieser aufregenden Zeit wird der Alltag zur Gewohnheit geworden sein. Sara hat ihren neuen Haushalt eingerichtet, Hanna muss nicht mehr außer Haus gehen, um Geld zu verdienen, Tobit hat seinen früheren Tagesablauf wieder aufgenommen, einige seiner Verpflichtungen und Aufgaben wird er sicher seinem Sohn übertragen haben, und Tobias hat sich an seine neue Verantwortung gewöhnt. Das Leben ist zu einer Normalität zurückgekehrt, die ähnliche Gesetze zu haben scheint wie die Zeit damals, vor der Erblindung Tobits.

Gerade dann, wenn nach einer einschneidenden Erfahrung wieder Gleichmaß und Gewohnheit unser Leben bestimmen, ist die rechte Zeit für eine Standortbestimmung. Dazu gehört der Blick auf den zurückgelegten Weg, der Dank und die Würdigung all dessen, was wir erreicht oder gelernt haben, vielleicht auch das Bewusstsein der ganz anderen Botschaft, die wir nun – im Gegensatz zu früheren Zeiten – an die Welt haben, und schließlich der Ausblick auf die Zukunft, in der wir unseren neu definierten Sinn verwirklichen können.

Tobit wird im Blick auf den Weg, den er in den letzten Jahren zurückgelegt hat, vor allem die Zeit seit seiner Erblindung vor Augen haben. Davor hatte er sich, wie er es auch selbst schildert, immer an die Gebote von Wahrheit und Gerechtigkeit gehalten. Allerdings empfand er damals sein Leben ganz deutlich im Gegensatz zu den Heiden, empfand sich im distanzierten

Widerspruch auch zu seinen Glaubensgenossen, die dem Baal opferten, statt, wie vorgeschrieben, nach Jerusalem zu ziehen, seinen Glaubensbrüdern, die nicht einmal die Speisegebote einhielten. Dieses Verhältnis zu seiner Umgebung hat sich nun verändert. In der Aufforderung Rafaels, er solle Gott lobpreisen, er solle die wunderbaren Dinge verkünden, die Gott an ihnen getan hat, und solle erzählen davon, wie ihnen ein Engel des Herrn erschienen sei, ist die Wurzel für eine neue Hinwendung zu seinen Mitmenschen gelegt, einer freudigen, positiven Weise, mit ihnen Kontakt aufzunehmen. Da bleibt kein Platz mehr für das, was früher sein Leben beherrschte, für das Gefühl, allein zu sein auf dem Weg Gottes, einem Weg, von dem sich alle anderen abgewandt zu haben schienen.

Wo er damals noch Barmherzigkeit übte und Almosen gab aus Gesetzestreue, wird er nun mit offenem Herzen und offenen Händen geben, voller Vertrauen, und wenn sein Herz davon erfüllt bleibt, werden seine Hände nie wirklich leer sein.

Früher jagte er der Vollkommenheit nach, bemühte sich um die Begegnung mit Gott durch Werke des Glaubens und der Barmherzigkeit. Nun hat er erfahren und verstanden, dass diese Begegnung nicht von Menschen machbar, schon gar nicht erzwingbar ist, sondern dass Gott ihm die ganze Zeit zur Seite war, ihn umgab.

Damals, als er sich nur noch den Tod wünschte, hatten ihn irrationale Schuldgefühle in die Angst geführt, er habe sich durch eigenes Versagen Gottes Zorn zugezogen und sei nur dadurch in Schwierigkeiten und Not geraten. Sein Ich stand so sehr im Vordergrund, dass es der Zeit seiner Blindheit bedurfte, einer Zeit, in der er sich auch rein äußerlich nicht mehr aus seinem Tun definieren konnte, sodass er lernte, sich führen zu lassen, auch in Verwandlung und Veränderungen, und verstand, wie Meister Eckehart es ausdrückt, „dass nur wer vollkommen losgelassen hat, bereit ist für die Gnade".

Wenn es darum geht, die Gegenwart in ihren veränderten Werten und Sinngehalten zu begreifen, ist die Frage nach dem Weg, der zu diesem Verstehen führte, wesentlich, denn der Blick auf eigene Bewältigungsstrategien kann auch später noch in Zeiten schwieriger Lernprozesse als hilfreiche Unterstützung dienen.

Eine junge Heilpädagogin hatte den Mut gefasst, zwei trau-matisch-schmerzhafte Geschichten in ihrem Leben anzuschauen und zu verarbeiten. Obenan lag noch der Schock nach einer Ver-gewaltigung durch zwei Männer. Zuerst war sie unfähig gewe-sen, darüber zu sprechen. Dann aber hatte sie schließlich doch begonnen, ihrem Entsetzen, ihrer Verzweiflung und ihrem Zorn Raum zu geben. All das, woran sie damals gehindert worden war, brach aus ihr heraus, sie weinte, schrie und schlug um sich, und als sie schließlich erschöpft innehielt, sagte sie mit einer ganz leisen, kleinen Stimme: „Jetzt erinnere ich mich, dass mein Vater mich missbraucht hat, ich war damals erst sechs Jahre alt. Warum weiß ich das erst jetzt wieder? Wie kann man denn so etwas vergessen?" Es dauerte eine Zeit, bis sie sich über die heilsame Funktion von solchem „Vergessen", also von sinnvoller zeitweiliger Verdrängung klar wurde, und es dauerte auch eine geraume Zeit, bis sie über diese verletzenden und demütigenden Erlebnisse so weit hinweg gekommen war, dass sie frei wurde zu sich selbst. In der Rückschau war sie mit Recht stolz darauf, dass sie sich dieser Auseinandersetzung gestellt hatte. „Im ersten Drittel dieses Weges", sagte sie, „war es anstrengend, hinzuschauen und die Emotionen auszuhalten. Das zweite Drittel war beherrscht von Suchen und Fragen und Chaos, und es war gut, nicht allein zu sein mit meiner Unsi-cherheit, ob da überhaupt ein Weg hinausführen kann." Auf einer solch schwierigen Strecke ist es fast unerlässlich, dass jemand als Begleitung das Vertrauen in den Entwicklungspro-zess unterstützt, jemand, der in gewisser Weise die Funktion des Engels übernimmt, der sagt „Fürchte dich nicht". „Auf dem dritten Teil des Weges schließlich", so schilderte sie es, „spürte ich, wie ich selbstständig wurde, wie ich die Dinge zu ordnen begann, wie eine andere Sicht und neue Muster entstanden, mit denen es sich sinnvoll und gut leben lässt".

Eine andere Frau verglich ihre Entwicklung aus Fehlver-halten und Irrtümern hin zu einer neuen Ordnung mit einer

Landschaft. Sie beschrieb, wie sie sich aus Dickicht und Dornen gekämpft hatte, wie sie dann eine unheimliche und beängstigende Sumpflandschaft in einer Mischung aus Unsicherheit und Entschlossenheit durchschritt, froh, nicht allein zu sein, und wie sie schließlich eine Anhöhe erklomm, die ihr nun die Sicht freigab auf ihr Leben, um in Eigenverantwortung zu handeln, umsichtig und klar. Auch sie meinte, allein hätte sie sich wohl nie auf diesen Weg gewagt, obwohl sie wisse, dass doch sie es war, die ihn gehen musste. Die Hilfestellung also, die wir als Weggefährten in solchen Zeiten von Entwicklungen und Lernprozessen geben, ist oft unverzichtbar, die eigentliche Arbeit aber leistet der, den wir begleiten.

All dieses Rekapitulieren und Erinnern hat einen wichtigen Platz auf dem Weg. Nur wenn wir uns die Teilstrecken noch einmal bewusst machen und die Stufen, die wir erklommen haben, die Lernschritte und Erfahrungen, wird das, was wir erlebt und zurückgelassen haben, mit Sicherheit fruchtbar bleiben für die Zukunft.

Zum Blick auf den zurückgelegten Weg gehört auch der Dank gerade für die Herausforderungen, für die dunklen und schweren Zeiten. Dieser Dank ist fast immer erst im zeitlichen Abstand möglich, und er bekommt umso mehr Gewicht, wenn wir ihn mit denen teilen, die mit uns gegangen sind, den Menschen, den Engeln und Gott. Das macht es leicht, nicht nur das zu würdigen, was sich verwandelt hat in unserem Leben, sondern darüber hinaus zu entdecken, was noch an Lernbeispielen für uns darin stecken könnte.

Eine junge Frau kam sich auf diese Weise selbst auf die Spur. Sie beobachtete, dass sie sich immer noch dann besonders über ihre Kolleginnen ärgerte, wenn diese genau das machten, was sie sich selbst zu tun nicht getraute, wie sie sich also an einem Spiegelbild ihrer eigenen ungelebten Anteile rieb. Eine andere ertappte sich dabei, dass ihre Kinder ihr immer dann besonders auf die Nerven gingen, wenn sie unordentlich waren, oder ihr Mann, wenn er nicht organisiert war und nicht bereit, weiträumig zu planen. Alles das aber waren, wie sie erkannte, noch ihre eigenen Schwächen, und in dem Maße, in dem sie daran arbeitete, glätteten sich auch die Reibungsflächen in ihrer Umgebung mehr und mehr.

Aus der ein wenig distanzierten Perspektive rückt sich die Vergangenheit manchmal auch in der Bewertung neu zurecht, sodass wir eine Grundhaltung korrigieren können. Ein Beispiel dafür war der Jahresrückblick einer Frau, deren Kinder erwachsen geworden waren. Sie hatte zunächst das Gefühl, die vergangenen Monate seien von Mühsal und Misserfolgen geprägt gewesen und die Aussichten in die Zukunft seien entsprechend düster. Als sie begann, auf einem großen Blatt Papier links die guten Ereignisse aufzuzeichnen und rechts die negativen, entdeckte sie als Erstes, dass sie schon seit Jahresbeginn aus einem alten Aberglauben herausgefunden hatte. Sie war längst nicht mehr davon überzeugt, dass sie ebenso wie ihre Mutter an Krebs sterben würde. Sie war sich ihrer Gesundheit bewusst und ihrer Verantwortung für ihren Körper, der doch ganz andere Gesetze und Bedürfnisse hat als der ihrer Mutter. Dazu kam die Erkenntnis, dass sie sich früher immer nur geliebt fühlte, wenn sie kränklich war, dass sie dadurch aber nur sich selbst und ihrem Mann das Leben schwer gemacht hatte. Dann wurde ihr klar, wie leicht ihr der Wiedereinstieg in ihren Beruf geglückt war, und wie unabhängig und stark sie sich dadurch in der Beziehung zu ihrem Vater fühlte. „Was soll ich denn nun auf die andere Seite schreiben, mir fällt dazu nichts ein, höchstens Dinge, die ich noch zu lernen habe, aber das ist ja nichts Negatives, oder?" fragte sie und gab sich lachend selbst die Antwort: „Was für ein gutes Jahr ist das gewesen, und es ist ganz richtig, dass die Kinder aus dem Haus sind, so erfüllt wie mein Leben jetzt ist!"

Das Leben von Tobit und Tobias vor ihrer Begegnung mit Rafael hatte auch ein Gegenbild gehabt in dem, was sie bewusst oder unbewusst ihrer Umgebung mitteilten, was ihre Botschaft an die Mitmenschen war, wie sie als Vorbild wirkten. Vieles davon hat sich nach der Heimkehr von Tobias und der Heilung seines Vaters geändert.

In Tobits Bereitschaft zur Barmherzigkeit mischt sich nun ein Widerschein der Heilung, die ihn aus der Blindheit erlöst hatte. Sein Glaubenseifer ist durch die Erfahrung der Gnade weiträumiger und milder geworden. Die Freude, die in sein Leben eingekehrt war, überträgt sich auf die, denen er begegnet. So wirken jetzt auch durch ihn selbst die Eigenschaften des Engels. Und wenn Rafael sagt, Tobit solle nicht nur beten, barmherzig sein und gerecht, sondern auch „Gottes Werk herrlich preisen und offenbaren", lässt uns das an die Engel denken, die Gott lobpreisen und singen und spielen. Warum aber sollte das nur den Engeln im Himmel vorbehalten sein?

Sein Sohn, Tobias, war mit seinem Weg zur Reife, dem „Weg des Individuationsprozesses", wie C. G. Jung ihn nennt, Mittelpunkt des Geschehens von der ersten Begegnung mit Rafael an. Durch seinen Aufbruch und seine Reise – beides sowohl im äußerlichen als auch im innerlichen Sinn – geschahen Veränderungen, die nicht nur ihn selbst betrafen. Um er selbst zu werden in seiner Einmaligkeit, mit seiner ganz eigenen Lebensaufgabe, seinem Lebensziel, waren Wegstrecken und Zeitabläufe notwendig, die das Buch Tobit in verdichteter Form schildert. Ein Entwicklungsprozess wie der seine braucht die angemessene Zeit, um in einzelnen Wachstumsschritten dazu zu führen, dass ein Mensch reifen kann gerade aus dem Spannungsfeld zwischen der Orientierung am Bewährten und der Offenheit fürs Neue, zwischen der Freiheit und Treue zu sich selbst, und der Hinwendung zu seinen Nächsten. Es bedarf der klaren Sicht auf diese Vielfalt von ethisch-moralischen Ansprüchen, von Herzensanliegen und Solidarität, von der Bedeutung materieller Güter und all den anderen Elementen, die für ein gelingendes Leben stehen. Sicher wird die Tradition für Tobias weiter eine wesentliche Rolle spielen, die Zusammenhänge zwischen seelischer und körperlicher Gesundheit werden ihm deutlich geworden sein am Schicksal Saras und Tobits, seine Bereitschaft zu helfen, ja, vielleicht auch auf seine Fähigkeit, Heilung geschehen zu lassen, wird gewachsen sein. All dies wird noch längst nicht vollständig zu einem neuen Muster, seinem Lebensmuster zusammengewachsen sein. Aber schon jetzt kann er mit seiner neu gewonnenen Reife, mit den Früchten seiner Abenteuer und Erlebnisse, auch anderen beistehen. Er kann seine Mitmenschen mit Übersicht und Tatkraft unterstützen und ermutigen, mit den Eigenschaften, die er von Rafael erfahren hat.

Sara wirkt mit ihrem neu gewonnenen Selbstbewusstsein als Frau, mit ihrer Wärme und Lebendigkeit wie eine Quelle der Lebensfreude für diejenigen, denen sie begegnet. Ihr Weg, wie auch der von Tobias ist ein Weg der Liebe. Sie hat für sich selbst – und damit auch für diejenigen, die ihr anvertraut sein werden – in Mut und Zutrauen hineingefunden, um auch in Schwierigkeiten und Unvorhersehbarem ihrer eigenen Kraft und Würde bewusst zu bleiben.

Hanna wird für manch andere Mutter in ihrer Umgebung ein ermutigendes Beispiel geben dadurch, dass sie aus ihrer ängstlichen Besorgnis herausgewachsen ist und ihren Sohn vertrauensvoll und zuversichtlich in sein eigenständiges, erwachsenes Leben gehen lässt. Sie wirkt mit diesem Zutrauen in die Eigenkräfte ihres Sohnes nun ähnlich wie Rafael, als er Tobias auf der Reise begleitete.

Ein Weg der Reifung wie der des jungen Tobias kann dazu führen, die eigene Lebensaufgabe zu finden und den Auftrag zu begreifen, den das Leben uns gibt. Wir können damit dem Kern unseres Wesens und dem Charisma näher kommen, das uns ausmacht, können auch versuchen, es im Blick Gottes zu sehen, um hin und wieder den „Auftrag des Engels" zu übernehmen, wenn wir ihn spüren, denn wenn wir nach einer schwierigen Zeit, die wir bestanden haben, noch einmal zurückschauen, kommt sicher auch die Frage auf, wie wir die verwandelnde Kraft weitergeben können, die uns zugewachsen ist in der Begegnung mit Menschen, die uns zu Engeln geworden sind.

Wir können uns zuerst fragen, welche Botschaft wir wohl vorher an die Welt hatten, welche Wirkung auf unsere Mitmenschen. Wenn wir prüfen, was sich darin verändert hat, ist das ein deutlicher Maßstab für die Verwandlung, die mit uns vor sich ging. Wenn der Alltag eigentlich nicht viel anders weitergeht als früher, wären wir uns dieser Veränderung und ihrer neuen Möglichkeiten sonst wahrscheinlich kaum bewusst, und das wäre schade. Wir würden dann vielleicht nicht spüren, wo wir zuweilen für andere ein Engel sein könnten, wären uns unserer neu gewonnenen Einsichten und Fähigkeiten nicht gewahr, mit denen wir, auch als Vorbild, wirkend, mitwirkend oder empfangend ein wenig aufmerksamer als vorher unsere Mitmenschen auf den langen oder kurzen Wegstrecken begleiten können, auf denen sie uns zugesellt sind. Das heißt natürlich nicht, dass wir mit missionarischem Eifer alle unsere Weisheit jeder und jedem überstülpen, der uns begegnet, dass wir belehrend oder besserwisserisch auf unsere Mitmenschen losstürmen. Es genügt oft schon, wenn wir ein wenig behutsamer fragen und zuhören als vorher, dass wir so wie Rafael am Fluss nicht eingreifen, sondern dem anderen Mut zu seinen eigenen Fähigkeiten machen, dass wir ihn mit seiner innewohnenden Schönheit, seinen Stärken und Talenten sehen und ihm dieses Bild widerspiegeln.

Andererseits können auch wir eher spüren, wo wir einem Engel, einem als Asarja verkleideten Rafael begegnen. Das wird oft jemand sein, der selbst eine solche Begleitung erfahren hat und uns nun zum Weggefährten wird. Vielleicht entdecken wir ihn unter denjenigen, die uns in Frage stellen, oder die uns Anregungen und Anstöße geben, um uns für Neues bereit zu machen, die uns einen Perspektivewechsel nahe legen, oder uns dazu ermuntern, unser Leben in seinen Sinnzusammenhängen zu betrachten, oder die uns helfen, unsere eigene Lebendigkeit neu zu entdecken. Solche Gefährten, die uns flüchtig oder für längere Zeit begleiten, können, wenn wir uns darauf einlassen, auf ihre je ganz eigene Art unsere Lehrer sein, sie können uns helfen, unsere Lebensaufgabe neu zu überdenken oder zu finden und zu verwirklichen. Sie können vielleicht unser Selbstwertgefühl stärken, wenn wir uns mit ihren Augen sehen, und einfach nur durch die Begegnung mit ihnen kann Leben und Erfahrungsreichtum in unseren Glauben kommen, denn Glauben heißt auch, bereit sein, Gott in unserem Gegenüber als Gefährten unseres Lebens zu spüren.

In diese Phase des Rückblicks gehören auch die Entschlüsse für die nächste Zeit und ihre Verwirklichung. Ein Journalist zum Beispiel, Vater von zwei halbwüchsigen Kindern, war sich an einer solchen Nahtstelle seines Lebens plötzlich sehr bewusst, wie wichtig es war, mit einer alten, unheilsamen Familientradition endgültig Schluss zu machen. Die negative Weltsicht seiner Großeltern und seiner Eltern wollte er nicht auch noch seinen Kindern weitergeben. Auch in seiner Neigung, über alles zu urteilen, alles zu beurteilen, und rasch genug dann auch alles und jeden zu verurteilen, sah er die Falle, aus der er sich endgültig befreien wollte, um durch sein Vorbild glaubwürdig Toleranz vermitteln zu können. Eine spielerisch-amüsante Einübung dazu wurde es für ihn, mit seinen Kindern Geschichten über die Menschen zu erfinden, die sie von weitem beobachteten. Ein älteres Paar, das schweigend auf der Bank im Park saß, stellten sie sich zuerst in ehelicher Langeweile vor, zwei Menschen, die sich nichts mehr zu sagen hatten, heimlich ihren Phantasien nachgingen, ohne den anderen daran teilhaben zu lassen. Dann kehrten sie die Geschichte ins Gegenteil um, dichteten den beiden eine Liebesgeschichte an, in der sie nun in glücklich einträchtigem Schweigen beieinander säßen, in selige Zukunftsvisionen versunken. Dann wiederum stellten sie sich vor, die zwei hätten sich eben gerade auf dem Arbeitsamt kennen gelernt, beide ohne Job, hätten ihren Kummer und ihre Ratlosigkeit ausgetauscht und seien jetzt stumm vor hilfloser Verzweiflung. Lauter Dinge, die durchaus so sein konnten, wahrscheinlich aber nichts mit der Realität zu tun hatten. „Das Spiel mit den Vorurteilen" nannten sie das, und sprengten dabei ohne Mühe die starren Denkschienen, die so lange die Familie beherrscht hatten.

Eine Lehrerin, die sich bisher in Krisensituationen immer alleingelassen gefühlt hatte, nutzte die Erfahrung einer guten Wegbegleitung, um „von nun an Schutzpatrone und Engel als solche zu erkennen". Dabei richtete sie das Augenmerk nicht nur auf die Menschen, die ihr im Alltag begegnen, sondern auch auf die Verstorbenen, die ihr mit ihrem Beispiel Mut machen oder die rechten Botschaften geben könnten. „Meine Tante Anna, das war auch so eine Grenzgängerin wie ich", sagte sie, „wenn ich an die denke, höre ich sie jetzt, wie sie sagt ‚Mach dich nicht verrückt, schau geradeaus, geh einfach weiter', und das hilft mir gleich wieder auf die Spur."

Dies gehört nach der Rückschau und der Standortbestimmung schon zum Ausblick und zum Resümee dessen, was für die Zukunft wichtig geworden ist. Die Fragen, die bisher zu komplex schienen, finden nun eher ihre Antwort, so „einfache" Fragen wie: „Welche Werte sind für mich die grundlegenden, was ist der Sinn meines Lebens?" Oder Fragen nach unserem Platz im sozialen Umfeld: „Wofür auf der Welt bin ich wichtig, und für wen? Wer ist für mich wichtig? Für wen sollte, kann und will ich da sein? Wer ist mein Nächster, was kann ich für meine Familie tun, was für die Gesellschaft und die Welt, in der ich lebe?"

Schließlich wird danach auch die rechte Zeit sein, um phantasievoll und kreativ Zukunftsvisionen entstehen zu lassen, die uns beflügeln und vorantreiben auf unserem Weg. Um mich aber auf das, was auf mich zukommen könnte, mutig und unbekümmert einlassen zu können, kann ich mich darauf vorbereiten, Krisensituationen so zu beantworten, dass ich gerade durch sie bereit für Neues werde wie Tobit, und dadurch einen weiteren Blick entwickle auf Möglichkeiten für ein gelingendes Leben. Dabei hilft der Gedanke, dass ich mich nicht mit dem Anspruch auf Perfektion in solche Zeiten des Lernens hineinbegeben muss, sondern getrost dem Schöpfer auch die Vollendung des Fragmentarischen überlassen kann. Wenn ich mich zudem wie der junge Tobias der gleich bleibenden, verlässlichen Werte und Einsichten vergewissere, werden sie mich über alle Verunsicherungen hinwegtragen.

Hilfreich ist es, gewissermaßen als Verankerung, wenn ich mir einen Perspektivewechsel im Gedächtnis bewahre, der mich aus einer negativen Sicht herausgeführt hat. Ich werde auf diese Weise leichter an gelingende Lebensentwürfe anknüpfen können, wenn ich mir meine innere und äußere Haltung in Zeiten des Erkennens und der Erkenntnis in Erinnerung rufe.

Dabei kann vielleicht wieder das Bild einer Lebenslandschaft dienen, wenn ich mich dieser Situation entsinne. Ein Beispiel dafür schilderte eine Frau nach einem wochenlangen Kampf gegen schwere Depressionen. Sie sah sich in einer weiten, grünen Landschaft, dunkle Geröllfelder und schartige Felswände lagen hinter ihr. Vor ihr lag ein sonniger Weg und Schutzhütten in erreichbarer Nähe, um auch in Stürmen und Gewittern Geborgenheit zu finden. Sie spürte den leisen Sommerwind auf ihrer Haut, roch den süßen Duft von weißem Klee, lauschte dem Zirpen der Grillen und genoss die Sicht auf das, was vor ihr lag. Solche Empfindungen, die sich mit positiven Erfahrungen verbinden, werden später, in Zeiten des Zweifels und der Selbstzweifel zur ganz eigenen Quelle für Kraft und Zuversicht werden. Wenn wir an solch eine Rückschau anknüpfen, können wir immer gewärtig bleiben, dass Gott uns tatsächlich immer nur Engel schickt, auch wenn manch einer nicht gerade mild und sanft daherkommt. So wie die Wurzel der Namen Tobit und Tobias „Tobijahu" ist: „Gott erweist sich als gut".

Die beiden werden wohl auch in Zukunft immer wieder von ihren Erlebnissen erzählen und damit nicht nur Staunen und Verwunderung auslösen. Viele, die ihnen zuhören, werden in ihren Schilderungen eigene Erfahrungen wieder erkennen und lernen, sich selbst und ihr Leben besser zu verstehen.

Auf ähnliche Weise habe ich mit den Menschen, denen ich Weggefährtin war, meine Geschichten geteilt, und sie die ihren mit mir, Geschichten, die uns als Parabeln dienen konnten, als ermutigende oder warnende Beispiele. Zuweilen wurden wir dabei auch im gemeinsamen Lachen der Absurdität mancher Ereignisse gewahr, und oft genug haben wir, wenn wir unsere Erfahrungen austauschten, darin die ganz alltäglichen Wunder entdeckt, die wir sonst vielleicht übersehen hätten.

Deshalb widme ich dieses Buch voller Dank all denen, die ihren Weg und ihre Weg-Geschichten mit mir geteilt haben.

Bildnachweis